Herderbücherei

Band 1148

Über die Autoren

Irma Bingel, geboren 1939 in Frankfurt/M. Studium der Pädagogik und Psychologie in Frankfurt/M. Wissenschaftliche Mitarbeit in Forschungsprojekten zu sozialen Randgruppen (sozialbenachteiligte Kinder und Eltern; Ausländerarbeit). Daneben seit 1976 als Diplompädagogin und Dozentin in der Erwachsenenbildung und Beratung tätig: Elternseminare und Trainingsseminare zur Förderung von Selbstsicherheit und sozialer Kompetenz, Fortbildung und Beratung von Erziehern und Sozialpädagogen. Seit 1981 in München.

Hannelore Merz, geboren 1942, Diplompsychologin, ausgebildet und bewandert in verschiedenen psychotherapeutischen Techniken, Coautorin diverser Bücher für Eltern und Erzieher, Mitwirkung bei Fernsehsendungen und großen Publikumszeitschriften. Seit 7 Jahren auch wissenschaftliche Tätigkeit, vor allem im Bereich der Familienforschung, lebt in München.

Irma Bingel
Hannelore Merz

Jeder Tag ein froher Tag

Übungen zur Lebensfreude

Herderbücherei

Originalausgabe
erstmals veröffentlicht als Herder-Taschenbuch

Herder Freiburg · Basel · Wien
Herstellung: Freiburger Graphische Betriebe 1984
ISBN 3-451-08148-2

Inhalt

II.
Betrachtungen und Bilder
Von Irma Bingel

Zwei Wege zum Problemkreis

Niedergeschlagenheit, die Unfähigkeit, Lebensfreude zu empfinden, sind Phänomene, zu denen wir seit Jahrtausenden Antworten und Ratschläge suchen, wie sie erträglich gemacht werden könnten. Verwirrend und wohl auch etwas entmutigend ist, daß es den einzig richtigen Weg nicht zu geben scheint, wie bereits auch alle Erklärungen, wie es dazu kommen konnte, daß dieser Mensch depressiv wurde, jener nicht, letztlich nicht überprüfbar oder eindeutig sind.

In diesem Buch wurden zwei Ansätze gewählt, die einerseits oder auf den ersten Blick konträr sind, andererseits sich in besonderem Maße ergänzen können. Der eine Weg kann für den anderen aufschließen. Es scheint so zu sein, daß jeder Mensch seinen eigenen Weg suchen und finden muß, der ihn aus diesem Problemkreis herausführt. Unsere gegenwärtigen Lebenserfahrungen zu dieser Thematik bestimmen dabei weitgehend, welcher Einstieg uns im Moment mehr anspricht. Unsere Aufgabe ist es jedoch, nicht stehen zu bleiben, sich auf weitere Schritte und Herausforderungen einzulassen. So soll die Unterschiedlichkeit der Anregungen eine Bereicherung sein, die der Vielfalt des Menschen und seiner Lebensprozesse entspricht.

Der erste Weg ist auf Aktivität ausgerichtet: Informationssammlung, Überprüfung und Differenzierung der eigenen Empfindungen, Anleitungen für neue Erfahrungen.

Der zweite Weg führt nach innen: Vorstellungen, Betrachtungen und Bilder bestimmen und verändern unser Leben. Wenn wir die uns jetzt bestimmenden Bilder besser kennen, dann können wir der Frage nachgehen, welchen Sinn sie in unserem Leben haben, ob wir sie durch andere Bilder ersetzen sollten.

Die Art des Einlassens sind bei beiden Wegen gleich: je mehr ich mich einlasse, desto mehr kann ich herausbekommen – die Beziehungen, die ich dabei herstelle, den Kosmos, den ich sehe, können verschieden sein, das besagt jedoch nicht, daß der eine Weg besser, tiefer, sinnvoller ist als der andere: es ist eine Aufforderung an den Leser, beides auszuprobieren.

Ist es nicht bereits sehr viel, einen Bereich besser kennenzulernen und darin Erfahrungen zu sammeln? Die Antwort darauf läßt sich am besten mit einer bekannten Geschichte verdeutlichen. In einem Indianerstamm war es üblich, daß am Abend die Stammesmitglieder berichteten, was sie tagsüber erlebt hatten. Drei Indianerjungen waren in eine Höhle geklettert. Der eine Junge verletzte sich am Eingang so stark, daß er nicht mehr laufen konnte. Zu ihrem Schrecken bemerkten die Jungen, daß in der Höhle ein wildes Tier lebte. Der zweite Junge wurde so von der Angst gepackt, daß er unfähig war, etwas zu tun. Der dritte Junge faßte sich ein Herz, fand einen Stecken und trieb damit das Tier weiter in das Höhleninnere zurück. Anschließend trug der den Verletzten auf dem Rücken nach Hause.

Am Abend berichtete der Verletzte, wie hilflos er gewesen war und in welcher Gefahr er geschwebt hatte. Der Häuptling sagte: wir danken Dir dafür, daß Du uns diese Erfahrung berichtest. Der Junge, der vor Angst nichts hatte tun können, berichtete, wie das für ihn gewesen war. Der Häuptling sagte: es ist sehr wertvoll für uns, das zu hören. Dem dritten Jungen dankte der Häuptling gleichfalls für seinen Bericht.

Die Geschichte will also sagen, daß wir dann keine Erfahrungen in verschiedenen Bereichen mehr zu machen brauchen, wenn wir anerkennen können, daß Erlebnisse, die wir nicht gut finden oder sogar verurteilen, auch ein Teil von uns sind, daß manchmal ein anderer diese Erfahrung auslebt, so daß sie uns erspart bleiben.

I.
Anleitungen und Übungen

Von Hannelore Merz

Vorbemerkung

Die Depression hat viele Gesichter

Welche Hausfrau kennt das nicht: Man wacht morgens zerschlagen auf, hat nachts eine ganze Weile wach gelegen und gegrübelt und sich schließlich Sorgen gemacht, wie man den nächsten Tag überstehen wird: Rechtzeitig aufstehen, Kinder fertig zum Kindergarten oder zur Schule machen, dem Mann die Sachen zurechtlegen, ... etc. und möglichst dazu noch ein freundliches Gesicht machen ... Solange alles rundgehen muß, geht es ja noch! Aber wenn sie dann alle aus dem Haus sind und die chaotische Wohnung zurückbleibt, dann ist das fast zuviel. Man läßt sich erst mal auf den Küchenstuhl fallen und sinnt über sein Schicksal nach ...

Merkwürdigerweise ist einem das früher gar nicht so schlimm erschienen. Im Gegenteil: Manchmal hat sogar das Putzen Spaß gemacht, wenn nachher alles blitzte. Und die hungrigen Mäuler mit leckeren Sachen stopfen, hat man früher auch eher mit Vergnügen getan. Aber heute ... Alles fällt einem schwer, geht zäh und langsam vorwärts, scheint keinen rechten Sinn zu machen, von niemandem anerkannt oder auch nur gesehen zu werden. Jeden Tag das gleiche, man hat zu nichts recht Lust, schon das Aufstehen fällt schwer, und danach fällt einem gar nichts ein, was einem so richtig Lust machen würde. Alles scheint Grau-in-Grau und wird auch wohl nie mehr so richtig anders werden ...

Die alte Freundin hat man auch schon lange nicht mehr gesehen. Diese würde es wohl komisch finden, wenn man jetzt einfach so anriefe. Und so, wie man heute aussieht, kann man sich eigentlich auch nicht unter die Menschen wagen, aber sich nett herzurichten, ist einfach zu mühsam ... Vielleicht morgen, wenn man etwas besser geschlafen hat ... aber das sagt man sich nun schon seit Tagen ... So sitzt man und sitzt man, die Zeit vergeht und man macht sich schließlich noch Vorwürfe, daß man eine schlechte Hausfrau ist, schlampig und faul, und ob man eine gute Mutter ist, dessen ist man dann bald auch nicht mehr so sicher. Man reißt sich zusammen, damit niemand etwas merkt. Aber immer gelingt das auch nicht.

Oder der Student: Zwar hat er sich gestern fest vorgenommen, heute morgen die Vorlesung nicht wieder zu versäumen, hat sich den Wecker extra früh gestellt, ist sogar rechtzeitig ins Bett gegangen, um vor sich selbst keine Entschuldigung zu haben, er sei nicht ausgeschlafen. Aber jetzt, wo der Wecker schon ausgeklingelt hat, er sich mehrmals wieder umgedreht hat, erscheint ihm die Sache doch eigentlich nicht mehr so wichtig. Ob er nun dort ist oder nicht, was macht das schon für einen Unterschied. Die letzte Vorlesung hat er auch schon versäumt – es gibt ja Skripten, da kann man das meiste viel einfacher nachlesen. Außerdem kann man mal den Freund fragen, der ja bestimmt hingeht. Also dreht man sich nochmal um und schläft wieder ein. Beim nächsten Aufwachen geht es aber auch nicht besser. Im Gegenteil. Man ist noch schlapper, macht sich Vorwürfe, daß man sich doch wieder nicht aufgerafft hat. Seit Tagen war man nun schon wieder nicht mehr in der Uni. Will eigentlich zuhause arbeiten, findet aber doch immer wieder einen Grund, es auf den nächsten Tag zu verschieben. Aber statt die freie Zeit zu genießen, spazierenzugehen oder Besuche zu machen, hängt man unlustig zuhause rum, fängt mal dieses und mal jenes an, kann sich zu nichts aufraffen, kriegt zwischendurch ein bißchen Angst, wie man das alles aufholen wird. Jedenfalls freuen tut man sich in einer solchen Situation nicht! Und dann diese rasenden Kopfschmerzen, dieser dumpfe Druck auf den Augen, der inzwischen manchmal ganze Tage anhält und sich auch mit Tabletten nicht wirklich wegkriegen läßt ...

Oder die Büroangestellte: Im Beruf immer freundlich, gern gemocht, auch wenn man sie eigentlich nicht richtig kennt, weil sie immer nur den anderen zuhört und nie etwas wirklich Persönliches von sich erzählt, hat sie eigentlich keine engen Freunde. Meist geht sie abends gleich nach hause, ißt dort, macht die nötigsten Hausarbeiten und geht früh zu Bett. Samstags einkaufen, sonntags gewöhnlich zuhause. Oft vergehen ganze Wochenenden, an denen sie mit niemanden ein persönliches Wort gesprochen hat. Inzwischen ist sie 30, denkt, sie könne nicht alleine ausgehen, auch nicht zum Essen. Man sähe ihr ja an der Nasenspitze an, daß sie einsam sei, keinen Freund habe und nun schon eine alte Schachtel sei, die auch niemand mehr möge. In ein paar Jahren, wenn sie weiter diese tristen Gedanken sich in ihr Gesicht und ihre Haltung einprägen läßt, wird dieses Bild dann vielleicht auch wirklich stimmen. Ihre Kollegen halten sie hingegen für recht attraktiv und sagen ihr das auch – aber die meinen das wohl nicht ernst und außerdem, wenn die sie erst einmal näher kennenlernen würden, würden die schon merken, daß mit ihr nicht viel los ist. – Deshalb ist es wohl klüger, sich privat auf Distanz zu halten ...

Diese Liste könnte man endlos fortsetzen, denn sicher erlebt sich jeder depressive Mensch ganz anders: Beim einen stehen die Selbstvorwürfe im Vordergrund, beim anderen körperliche Beschwerden wie Abgeschlagenheit, Kopfschmerzen, ein anderer leidet besonders unter Brüten, Passivität und negativer Verstimmung – gemeinsam ist aber allen eines: Irgendwie schämen sie sich, daß es ihnen nicht gut geht, sie denken, so wie ihnen gehe es wohl nur ganz wenigen anderen, neurotischen oder gar kranken Menschen. Und so möchte man sich natürlich ungern sehen, man möchte nicht zu denen gehören, bei denen „etwas nicht stimmt". Deshalb versucht man, seine Verstimmung und Verzweiflung zu verbergen, sich zusammenzureißen, neue Vorsätze zu machen und nährt bittere Selbstvorwürfe, wenn es einem nicht gelingt, seinen Zustand zu ändern, die geplante Aktivität durchzuführen, den Mann, die Kinder, die Eltern so zu lieben, wie man glaubt, es tun zu sollen. Man verschließt sich immer mehr, kontrolliert den Ausdruck seiner Gefühle, vertraut sich kaum mehr jemandem an, was aber unweigerlich die herabsetzenden und quälenden Gedanken und Gefühle verstärkt. Man sitzt wie in einem Gefängnis und macht sich obendrein noch Vorwürfe darüber, daß es einem darin nicht gut geht.

Das Anliegen dieses Buches

Diesen Teufelskreis zu durchbrechen, dazu versucht das Buch Ihnen Anregungen und Hilfestellungen zu geben. Sicher kann es keine Wunder wirken, aber es kann vielerlei:

- Es kann zeigen, daß sehr viel mehr Menschen unter solchen depressiven Verstimmungen leiden, als wir selbst annehmen – da jeder versucht, es zu verbergen, wissen wir wenig davon. Erst, wenn man selbst anfängt, offen darüber zu reden, erfährt man das.
- Es soll auch zeigen, daß gerade verantwortungsvolle Menschen, solche die sich Gedanken machen, pflichtbewußt sind und sich nicht mit oberflächlichen Lösungen zufrieden geben, solche Verstimmungen kennen, also nicht die wirklich Faulen, gesellschaftlich Untüchtigen, Häßlichen etc., zu denen man sich in solchen Anfällen ja zu zählen pflegt.
- Es soll verdeutlichen, daß die oft quälende, lähmende Sinnfrage des Lebens eine sinnvolle sein kann, nichts, was wir um jeden Preis wegmanipulieren müssen. Unter diesem Aspekt ist die Depression der Stachel im Fleisch, der uns nicht zur Ruhe aber auch nicht zur satten Selbstzufriedenheit kommen läßt.
- Weiter und vor allen Dingen aber soll das Buch eines aufzeigen: Wir machen unsere Depressionen selbst – sie überkommen uns nicht wie die Wellen des Meeres, deren unerklärlicher Kraft man sich nicht widersetzen kann, auf denen man mitschwimmen muß, sondern Verstimmungen entstehen in erklärbarem Zusammenhang mit unseren Gedanken und Handlungen. Aber uns selbst ist der Zusammenhang verloren gegangen oder wir suchen ihn an einer Stelle, an der er nicht besteht: So entsteht beispielsweise Depression gewöhnlich nicht dadurch, daß wir eine bestimmte Sache nicht tun, z. B. nicht auf ein Examen lernen, den Haushalt nicht

gut versorgen etc. Depression entsteht vielmehr durch unsere Gedanken darüber: Daß wir uns für faul halten, wenn wir es nicht tun, daß wir dahinter perfektionistische Vorstellungen darüber haben, wie wir es tun sollten, wenn wir es tun würden, welche (unüberprüften!) Erwartungen die anderen an uns diesbezüglich stellen, was sie über uns Schlechtes denken, was sie uns natürlich nicht ehrlich sagen ... und ... und ... und ...

Kein Wunder, daß man darüber depressiv wird. Wäre die Energie frei, die in diesen Gedanken gebunden ist, dann wäre es sicher viel leichter, den ersten Schritt zum Aufräumen oder zum Lernen zu machen!

- Oft sind wir uns des Ausmaßes solcher negativen Gedanken gar nicht bewußt und spüren nur die Konsequenzen: Lähmung, Lustlosigkeit, Abgeschlagenheit, diffuse Schwere und Schmerzen im Körper. Das Buch soll helfen, diese Gedanken erst einmal aufzuspüren, bewußt zu machen und sie dann langsam zu verändern, durch verschiedene Übungen abzuschalten und durch positivere zu ersetzen, die dann zwangsläufig auch positivere Gefühle mit sich bringen.
- Vielleicht tun wir aber auch tatsächlich zu wenig: Nämlich zu wenig Gutes für uns. Eine Mutter, die beispielsweise ganz in ihren Pflichten für Haushalt und die Karriere des Mannes aufgeht, wird zwangsläufig irgendwann einmal mit depressiven Gefühlen konfrontiert werden. Wir sind einfach nicht dazu gebaut, uns ununterbrochen für andere zu opfern! Oder das junge Mädchen, das sich zuhause hinter Büchern vergräbt, nicht ausgeht, kaum Kontakt mit Gleichaltrigen hat und den Urlaub auch noch mit den überbehütenden Eltern verbringt, wird sicher irgendwann mal depressiv: Es lebt nicht altersgemäß, sammelt zuwenig Erfahrungen, bleibt lebensuntüchtig und wird der kleinsten Belastung wahrscheinlich kaum gewachsen sein.

Oder die geschiedene Frau: Finanziell so recht und schlecht versorgt, mit Kind und ohne Beruf bleibt zuhause, weil sie es nicht gewohnt ist, allein auszugehen, ohne Mann ... Immer dieselben Wände anschauen, auch wenn sie mit Seide tapeziert sind, macht aber jeden depressiv. Wir brauchen Abwechslung, neue Eindrücke. Hier wäre es also wichtig, eine Steigerung angenehmer Tätigkeiten (siehe entsprechendes Kapitel) und den Aufbau positiver sozialer Beziehungen zu üben.

- So zeigt das Buch verschiedene Bereiche auf, die mit der Entstehung von Depressionen zusammenhängen und darauf aufbauend Übungen und Ratschläge, wie wir verändernd damit umgehen können. Vor jedem größeren Bereich gibt es eine Checkliste, anhand derer Sie sich selbst testen können, ob gerade dieser Bereich bei Ihnen stark ausgeprägt ist. So ist es nicht unbedingt nötig, das Buch von Anfang bis Ende zu lesen, vielmehr kann man sich einen Bereich aussuchen, mit dem man gerne anfangen möchte – entweder weil hier das Hauptproblem liegt oder aber weil die Übungen und Gedanken am ansprechendsten sind oder aber weil Sie in einem Bereich üben möchten, der Ihnen nicht so schwer fällt. Letzteres ist oft nicht die schlechteste Taktik: Fängt man mit etwas Leichtem an, ist die Gefahr, daß man rasch aufgibt geringer. Und man kann langsam schon den Spaß merken, den es bringt, eine kleine Veränderung zu spüren, eine neue Idee zu haben, eine kleine Sache zu unternehmen, die eigentlich ganz leicht ist, die man aber trotzdem schon lange nicht mehr unternommen hat.
- Beginnen sollten Sie aber mit der Checkliste: Wie depressiv bin ich? Denn über eines sind sich die Autoren klar: Dieses Buch wird schwer Depressionskranken kaum Hilfe bringen können. In diesem Falle gibt es nur eines: Schleunigst zum Arzt oder zum Therapeuten! Selbsthilfe kann hier höchstens begleitend wirksam werden. Aber erst sollte mit medikamentöser oder psychotherapeutischer Hilfe eine Stimmungsaufhellung erreicht sein, damit man die Kraft zur Selbsthilfe aufbringen kann. Diese Checkliste soll Ihnen also zeigen, ob Sie zu dem Personenkreis gehören, der von diesem Buch und seinen Gedanken und Übungen profitieren kann.

Wie depressiv bin ich? – Formen der Depression

1. Es gibt nur noch wenige Dinge, die ich mit „Lust und Liebe mache.
2. Ich mache mir Sorgen um meine Gesundheit.
3. Ich neige dazu, mich mit Essen zu „trösten".
4. Ich habe zur Zeit einfach keinen Appetit und viel Gewicht verloren.
5. Ich kann abends sehr schlecht einschlafen.
6. Ich wache nachts oder frühmorgens auf und liege stundenlang wach.
7. Ich brauche zur Zeit besonders viel Schlaf, um ausgeruht zu sein.
8. Morgens geht es mir besonders schlecht.
9. Ich muß aufpassen, daß ich nicht zuviel Alkohol trinke/Medikamente nehme.
10. Ich kann mich auf nichts mehr richtig konzentrieren.
11. Ich denke mir oft, daß das Leben sinnlos ist.
12. Ohne mich wäre die Welt besser dran.
13. Wenn ich weine, fühle ich mich nachher sehr erleichtert.
14. Ich kann nicht mehr weinen.
15. Ich habe häufig Kopfschmerzen.
16. Im Gegensatz zu früher habe ich jetzt starke Verstopfung.
17. Wenn ich unter Leuten bin, geht es mir stimmungsmäßig besser.
18. Mir ist am liebsten, wenn mich alle in Ruhe lassen.
19. Eine wirklich tiefe Beziehung habe ich eigentlich nur zu einer Person.
20. Die Liebe macht mir auch nicht mehr soviel Spaß wie früher.

21. Eigentlich fühle ich mich für alles und jedes verantwortlich.
22. Auch die kleinste körperliche Anstrengung ermüdet mich.
23. Es erfordert sehr viel Mut Selbstmord zu begehen.
24. Wenn meine Familie nicht wäre, würde ich mich wahrscheinlich umbringen.
25. Eigentlich war ich schon immer eher schwermütig.
26. Alles geht mir nur noch sehr langsam von der Hand.
27. Manchmal kann ich mich vor lauter Hin-und-Her-Überlegen für gar nichts mehr entscheiden.
28. Es fällt mir immer schwerer, etwas systematisch zu durchdenken.
29. Ich fühle mich oft wie zerschlagen.
30. Ich habe nur noch wenig Interesse an meinem Äußeren.
31. Eigentlich kann ich gar nicht so genau sagen, wann es angefangen hat.
32. Für mich und meine Familie kamen die Depressionen ganz plötzlich und überraschend.
33. Wenn ich manche Dinge ändern könnte, würde es mir sicher wieder besser gehen.
34. Ich kann mir gar nicht vorstellen, daß es mir je wieder wirklich gut gehen wird.

Auswertung

Nun zählen Sie alle Kreuze zusammen, die Sie bei jeder geraden Zahl und alle Kreuze, die Sie bei jeder ungeraden Zahl gemacht haben. Wo haben Sie die meisten Punkte? Unter 1., 3., 5., 7. etc. oder unter 2., 4., 6., 8. etc.?

Sollten Sie die meisten Punkte (mindestens jedoch 5) unter den geraden Zahlen haben, so können Sie das Alarmzeichen sehen, Ihre depressiven Verstimmungen wirklich ernst zu nehmen und ärztliche Hilfe in Anspruch zu nehmen. Sie könnten eine Form der Depression haben, welche in klinischen Kreisen „endogene Depression“ genannt wird. Sie zeigt sich in folgenden Symptomen:

Die endogene Depression

„Aus heiterem Himmel", also ohne erkennbaren Anlaß verfällt man in schwarze Trauer oder öde Gefühlsleere, nichts kann einen dann mehr aufheitern oder Freude machen, Essen und Sex schmecken nicht mehr, Gewichtsverlust und massive Schlafstörungen treten auf (insbesondere sehr frühes Aufwachen am Morgen mit langen Grübelphasen), bleierne Müdigkeit schon bei den geringsten Anstrengungen, Verlangsamung im Denken und Handeln, starke Konzentrationsstörungen, Verstopfung und unter Umständen Ausbleiben der Menstruation. Gefühle von Schuld und der eigenen Wertlosigkeit können so überhand nehmen, daß letztlich nur noch ein Gedanke im Gehirn kreist: Wie kann ich mich am besten umbringen? (Gewöhnlich ist die Verstimmung morgens besonders schlimm.)

Oft versucht ein so Erkrankter seinen Zustand vor der Familie zu verbergen, reißt sich zusammen und versucht mit großer Anstrengung den täglichen Pflichten nachzukommen.

Dabei kann man heute paradoxerweise gerade in diesen schweren Formen ärztlicherseits relativ leicht Abhilfe schaffen: Mit Hilfe von Anti-Depressiva verschwinden die Symptome meist spurlos wie ein böser Alptraum – der allerdings die Tendenz hat, von Zeit zu Zeit wieder aufzutauchen.

Wer also einen Teil dieser Symptome bei sich wiedererkennt, der sollte möglichst bald zum Arzt oder ärztlich geschulten Psychotherapeuten gehen. Zu einem „Selbsthilfeprogramm", wie dieses Buch es vorschlägt, fehlen erst einmal die nötigen Kräfte.

Endogen heißt „von innen kommend". Manche vermuten hier als Ursache körperliche Vorgänge wie: Serotoninmangel im Gehirn, Hormonschwankungen u.ä. Letztlich weiß man aber noch immer nicht ganz genau, wie diese Form der Depression zu erklären ist. Anti-Depressiva wirken übrigens nur in diesen Fällen. Bei den anderen Formen seelisch ausgelöster Depressionszustände bewirken sie nichts oder nur bleierne Müdigkeit.

Die meisten Punkte unter den ungeraden Zahlen:

Die reaktive Depression

Mit größter Wahrscheinlichkeit sind Ihre Depressionen seelisch bedingt. Sie sind, wie es in der Fachsprache heißt, reaktiver Natur, d.h. sie stehen in einem verstehbaren Zusammenhang zu auslösenden Ereignissen, seelischen Erlebnissen, Verhaltens- und Denkweisen. Auch wenn Sie als der Betroffene einen solchen Zusammenhang selbst nicht unmittelbar einsehen können, so vermag doch ein Außenstehender, in schwereren Fällen ein Psychotherapeut diesen Zusammenhang zu finden und aufzuzeigen.

Diese Form kann nun in leichterer oder schwerer Form auftreten. Allgemeine Symptome sind:

- Öfters gedrückte Stimmung,
- Müdigkeit, auch wenn man relativ viel geschlafen hat,
- untätiges Herumsitzen und Grübeln,
- Gefühl von Sinnlosigkeit,
- gelegentliche Schlafstörungen (meist Einschlafstörungen),
- übermäßige Eßlust oder Unlust,
- verminderte Energie, nur selten kann etwas mit „Lust und Liebe“ gemacht werden.

Wann Therapie?

Sollte diese Beschreibung einen Dauerzustand bei Ihnen bedeuten (mehr als insgesamt 15 Punkte), so wäre es doch anzuraten, es mit einem Psychotherapeuten zu versuchen. Welche Richtung hier in Frage kommt, läßt sich so kurz hier nicht begründen. Es sei nur erwähnt, daß kürzere Therapieverfahren (z.B. Logtherapie nach V. E. Frankl, Kognitive Therapie nach Aaron Beck, die Rational-Emotive Therapie nach A. Ellis) neueren Untersuchungen nach genauso erfolgreich sind wie längerdauernde (hier vor allem die kostspielige und langwierige Psychoanalyse). Es kommt vor allem auf die Beziehung zum Therapeuten an. Man sollte sich also sehr gut umschauen und bei der Wahl des Therapeuten noch kritischer sein, als bei der Wahl der Therapieform. Von Wochenend-workshops und kurzlaufenden Gruppen kann man sich allerdings meist nur ein vergnügliches oder anregendes Wochenende versprechen – was auch nicht immer das Schlechteste ist.

Selbsthilfe

Dieses Buch ist gedacht für Leute, die bis 15 Punkte auf der Depressions-Skala haben. In diesen Fällen können wir meist selbst etwas tun. Vielleicht sind wir einfach in einen unguten Trott geraten, sind kaum mehr ausgegangen und haben außer Mann und Kind niemanden gesehen – wer so wenig Anregungen bekommt, dem muß die Decke ja auf den Kopf fallen. Oder wir haben uns über lange Zeit überanstrengt und erholen uns nicht recht wieder, sind ausgelaugt: Erschöpfungsdepression. Oder wir haben endlich ein langersehntes Ziel erreicht – statt uns zu freuen fallen wir stimmungsmäßig in ein tiefes Loch: Die Erfolgs- oder Nachexamensdepression, ein häufig zu beobachtendes Phänomen. Oder wir haben zulange den 3 Ks – Küche, Kinder, Kirche – gelebt und merken, daß uns nun nicht mehr Tür und Tor zu allem offensteht (midlife crisis).

Mit diesen Formen der Depression im Alltag müssen und können wir gewöhnlich selbst umgehen. Dazu möchten wir Ihnen im folgenden Anregungen und psychologische Hilfestellungen geben.

(Übrigens: Hilfe zur Selbsthilfe ist auch der neue Trend in der Psychotherapie. Der Therapeut versucht nicht mehr, eine besonders enge Beziehung herzustellen, die ja dann doch bald wieder aufgelöst werden muß, sondern verweist den Patienten sehr rasch auf sich selbst.)

Trauer und Depression

An dieser Stelle gilt es, insbesondere einen wichtigen Unterschied klar zu sehen: Depression ist nicht gleich Trauer z. B. über den Verlust einer geliebten Person oder gleich der berechtigten Niedergeschlagenheit und Enttäuschung, wenn man sonst etwas Wertvolles verloren hat, seine Stellung, viel Geld oder wenn man ein Ziel nicht erreicht hat, auf das man lange hingearbeitet hat etc. Dies sind ganz normale und wichtige Reaktionen, die keinesfalls so einfach vom Tisch gefegt werden sollten, damit man wieder „zur Tagesordnung übergehen kann“. Da würden unsere Gefühle wirklich verflachen, wollten wir vor jeder schmerzhaften Erfahrung davonlaufen. Wer die seismographischen Ausschläge unseres „Gefühls-Barometers“ nach unten beschneiden will, muß damit rechnen, daß auch die „Ausschläge nach oben“ in den positiven Gefühlsbereich seltener und weniger ausgeprägt werden. Wer z. B. nicht den möglichen Schmerz bei einer Verliebtheit aushalten will, der wird auch kaum mehr deren Seligkeit kennenlernen.

Die Depression ist keine „normale“ Reaktion auf einen schmerzlichen Anlaß. Sie hat sich sozusagen verselbständigt, dauert länger, tritt auf der Stelle, ist Lähmung und Lebensfeindlichkeit. Sie ist keine Bewältigungsstrategie. Sie bringt niemanden etwas: Hält man sich beispielsweise ununterbrochen für unattraktiv, so wird man dadurch nicht schöner oder liebenswerter – im Gegenteil. Macht man sich ständig Sorgen um die spätere Entwicklung der Kinder, so wirkt das eher bedrückend, und die Befürchtung, der Mann würde einen sicherlich schließlich verlassen, kann ihn wirklich aus dem Haus treiben, wo so wenig Freude und Vertrauen herrscht.

Man soll sich also nicht in die Arme des Weltschmerzes stürzen, so als handle es sich um besonders tiefe, echte, wertvolle Gefühle. (In Deutschland hat allerdings das „tragische“, einsame Selbst- und Weltgefühl einen recht hohen Stellenwert. Das amerikanische „keep-smiling“ erscheint uns dagegen als oberflächlich und unecht. – Aber was macht die tragische eigentlich so viel „tiefer“ als die positive Weltsicht?)

Wer wird depressiv?

Die Grau-in-Grau-Sicht des Lebens, die Depression ist unter Frauen weit mehr verbreitet als unter Männern. Mindestens doppelt so viele Frauen wie Männer werden sogar im krankhaften Sinne depressiv. Bei leichteren, „normaleren“ Fällen ist das Verhältnis noch ungünstiger für die Frauen, obwohl hier natürlich niemand genaue Zahlen angeben kann.

Auch hier gehen die Meinungen über das Wieso auseinander. Dennoch können folgende Beobachtungen zu denken geben: Menschen, die zu Depressionen neigen, sind gewöhnlich besonders ordentlich und pflichtbewußt und haben strenge moralische Maßstäbe. Sie versuchen viel zu leisten und sind beliebt, weil sie immer „nett“ und angepaßt sind. Sie respektieren die Regeln der Gesellschaft und richten sich innerlich sehr stark an vorgegebene Normen (selbst wenn sie dagegen opponieren, so entwickeln sie doch starke Schuldgefühle diesbezüglich). Sie denken eher an andere als an sich selbst und sind nicht besonders durchsetzungsfähig. Es ist ihnen übermäßig wichtig, daß sie geliebt werden, daher sind sie besonders verletzlich. Oft sind sie von einer dominanten Bezugsperson besonders abhängig ...

Wer würde darin nicht ein gesellschaftlich noch immer wirksames „Idealbild“ einer Frau entdecken? Auch wenn derartige Einflüsse schwächer werden, sind sie doch noch spürbar: Ein Mann darf die Türen schon mal eher knallen und laut schimpfen, wenn er sich geärgert hat, bei der Frau gilt dies zumindest als „unfein“. Vom Mann erwartet man weniger, daß er „immer ein freundliches Lächeln auf den Lippen hat“ – bei der Frau verlangt dies der Charme. Ein Mann soll ruhig einmal seine Ellenbogen gebrauchen und konkurrieren – bei der Frau wird „vornehme Zurückhaltung“ eher geschätzt. Sparsamkeit und Fleiß gelten bei den Männern immer noch als wichtige Tugenden bei ihren Frauen sowie, daß sie ganz selbstverständlich immer für alle da sind.

Hier soll kein frauenrechtliches Klagelied angestimmt, sondern nur eines verdeutlicht werden: Frauen werden eher in Richtung auf Nachgiebigkeit und Passivität erzogen – Männer eher in Richtung auf Aktivität und Ausgriff auf die weitere soziale Realität. Männer haben es deshalb nicht unbedingt leichter; sie haben andere Formen der Belastung und entwickeln deshalb andere Arten seelischen Ungleichgewichts.

Übrigens: Verheiratete Frauen leiden noch etwas häufiger

unter depressiven Verstimmungen als ledige, geschiedene, verwitwete ...

Nicht die Häßlichen, Armen, Unterdrückten, Bedrohten werden depressiv. – Fast könnte man sagen, im Gegenteil: So verschwand z. B. in der Nachkriegszeit, als jeder erst einmal ums Überleben kämpfen mußte, die Depression ganz allgemein. Solange man aktiv sein muß und gemeinsames Leid teilt und solange man schuldlos ins Unglück gestürzt wurde – sich also keine Selbstvorwürfe machen muß, solange kann man unglücklich, enttäuscht, wütend etc. sein, nicht aber depressiv.

Wer scheinbar „alles hat", den quälen Depressionen oft am schlimmsten: Er kann niemandem und nichts die Schuld zuschieben (nur sich selbst), und niemand nimmt ihm das Ausmaß seiner Qual ab. Aber verstricken wir uns nicht weiter in der (oft endlosen und unfruchtbaren) Suche nach den Gründen, sondern fangen wir gleich an.

Wenn traurige Verstimmung im Vordergrund steht

Bitte checken Sie den Grad Ihrer Verstimmung anhand der folgenden Liste:

1. Ich denke oft daran, mich umzubringen.
2. Nach außen hin habe ich meine Gefühle recht gut im Griff.
3. Ich weine heute öfters als früher.
4. Ich fühle mich innerlich oft ganz leer.
5. Ich breche leicht in Tränen aus.
6. Es ist leicht, mich in gereizte Stimmung zu bringen.
7. Ich schaue ziemlich hoffnungslos in die Zukunft.
8. Manchmal ist mein Körper schwer wie Blei.
9. Ich kann mich nicht mehr richtig freuen.
10. Ich habe manchmal ganz grundlos Weltuntergangsstimmung.
11. Oft kann ich an nichts anderes als an mein Unglück denken.
12. Es ist ja doch alles sinnlos.
13. Ich habe schon alles ausprobiert, bei mir nützt nichts.
14. Manchmal denke ich, ich halte es nicht mehr aus.
15. Wenn ich traurig bin, erscheint mir die Welt ganz farblos.

Wenn Sie hier mehr als 5 Punkte haben, fällt Ihnen das Leben nicht leicht. Vielleicht finden Sie in den folgenden Abschnitten doch ein paar Anregungen, die auch bei Ihnen funktionieren.

Aufdecken oder Zudecken?

Viele psychologische Richtungen, insbesondere die Psychoanalyse empfehlen, nach den Gründen und Entstehungsbedingungen der Depression weit zurück in der Vergangenheit zu forschen. Man solle sozusagen in das Gefühl wie in einen Brunnen oder einen Tunnel einsteigen, immer tiefer hinein, um so nach verdrängten Gefühlen wie Haß oder Wut im Unbewußten zu graben. Die dunklen Gefühle würden sich nach dieser Fahrt durch die Hölle zwangsläufig aufhellen, da ein Bewußtmachen und Ausleben oder Abreagieren dieser Gefühle große Erleichterung mit sich bringe.

Ich möchte (aus eigener bitterer Erfahrung) eher vor einem solchen Verfahren warnen: Zum einen ist der positive Ausgang sehr ungewiß – manch einer taucht erst recht in eine tiefe Depression weg. Zum anderen sollte man diese Technik auf gar keinen Fall allein, also ohne Therapeuten anwenden: Gerade wenn man schon zu einer negativen Weltsicht neigt, dann darf man sich nicht noch mehr negativen Gefühlen aussetzen. Die Krisenbewältigung sollte man sich für einen Zeitpunkt aufheben, wenn es einem wieder besser geht – dann ist man zu konstruktiveren Lösungen in der Lage. Ansonsten kann man leicht im immer enger werdenden Tunnel von Traurigkeit und Hoffnungslosigkeit stecken bleiben.

Deshalb halte ich heute in den akuten Phasen von Depression Ablenkungstechniken für erlaubt und empfehlenswert. Man denke einfach an etwas Erfreulicheres, tue Dinge, die meine Gedanken im positiven Sinne gefangen halten: etwas Vergnügliches lesen, Kreuzworträtsel lösen, stricken etc.

Erst das Vergnügen, dann die Arbeit

Eine weitere Regel lautet: Sich selbst soviel wie möglich Gutes antun! Dieser so simpel klingende Ratschlag ist jedoch, wenn man sich depressiv fühlt, schwer zu befolgen. Irgendwie hat man das Gefühl: Man hat sich das nicht verdient oder man verwöhne sich sowieso schon zu sehr oder lasse sich gehen, z.B.

weil man morgens nicht aus dem Bett kommt, notwendige Dinge immer vor sich herschiebt, zulange vorm Fernseher hängen bleibt. Aus dem Gefühl heraus, nicht so viel zu leisten wie andere, nicht so liebenswert, so aufgeschlossen etc. wie man eigentlich „sollte“ zu sein, muß man sich obendrein kasteien oder darf sich wenigstens keine „unnützen“ Vergnügungen gönnen. Denn wie heißt es: Erst die Arbeit und dann das Vergnügen.

Aber bei seinen perfektionistischen Vorstellungen darüber, was „man“ alles können, bewältigen, mögen, nicht mögen sollte, findet der Depressive selten einen Punkt, an dem er sich „berechtigterweise“ durch etwas Schönes belohnen könnte. So muß er erst immer noch dies oder das machen, was er dann nicht schnell genug oder nicht gut genug gemacht hat in seinen Augen, so daß seine Tage oft eine einzige Kette unerfreulicher Tätigkeiten, Erledigungen und Gedanken sind – darüber würde jeder depressiv werden.

Ist man erst einmal in diesen Zustand geraten, dann gilt die Regel: Erst das Vergnügen und dann die Arbeit! Erst muß man versuchen, sich wieder ein bißchen aufzumöbeln, dann kann man die Dinge schneller, besser, lustvoller erledigen.

Dieser Ratschlag klingt wie ein Schlag ins Gesicht für unsere überkommenen Ansichten. Hier lautet es doch ganz eindeutig: Erst die Arbeit und dann das Vergnügen. Wievieles in unserer Gesellschaft ist darauf aufgebaut! Und jetzt soll man das mißachten? – Aber: Haben Sie sich nicht immer bemüht, sich anzupassen, die allgemeinen Regeln zu beachten, es so zu tun, wie die anderen auch? Und was hat es Ihnen gebracht? – Also versuchen Sie es doch einfach mal anders rum. Haben Sie wirklich etwas zu verlieren?

Laufe, staune, gute Laune

Unter diesem Motto erschien vor kurzem ein Artikel in einer populärwissenschaftlichen Zeitung. Jetzt ist es also auch wissenschaftlich erwiesen: Körperliche Aktivität stabilisiert das psychische Gleichgewicht und verändert unmittelbar die momentane Stimmungslage ins Positive. Dies gilt insbesondere für negative Stimmungen wie Ärger und Deprimiertheit. Voraussetzung ist allerdings, daß man sich auch wirklich anstrengt und sich ausreichend physisch verausgabt! Erst die Überschreitung eines kritischen Schwellenwertes von Belastung führt zu diesem erwünschten Effekt. Im sogenannten traditionellen Frauensport wird diese Belastungshöhe oft nicht erreicht. Wohl aber in solchen Modesportarten, wie Aerobic, Stretching, Jogging etc. (Alle untersuchten Teilnehmer solcher Sportkurse fühlten sich nach den Übungen besser als vorher. Im Schnitt ergab sich eine Stimmungsverbesserung von fast 50%.)

Als Grund nimmt man physiologische Veränderungen an: Durch Dauerbelastung im Sport werden vermehrt Endophine freigesetzt, die kurzfristig aktivieren und in positive Stimmung versetzen – also genau die gleichen Stoffe, die in synthetischer Form in den Anti-Depressiva enthalten sind.

So einfach ist das manchmal!? – Ein Versuch lohnt sich gewiß. Ich selbst laufe (wenn auch nicht sehr regelmäßig) seit Jahren und kann die verblüffenden positiven Wirkungen bestätigen. Dies ist wirklich ein Mittel, um sich am eigenen Schopf aus dem Sumpf zu ziehen. Leider vergesse ich selbst manchmal diese goldene Regel ...

Abwarten und Teetrinken

Manche depressiven Verstimmungen verschwinden auch von selbst wieder. Oft braucht man also bloß abzuwarten, die besseren Zeiten kommen bestimmt. Dies können wir uns am einfachsten an den Stimmungsschwankungen infolge des weiblichen Monatszyklus verdeutlichen: Obgleich wir einige Tage vorher immer wieder denken, die Welt ginge unter, so taucht sie doch wunderbarerweise bald wieder in vollem Glanz auf. Und jedesmal fallen wir wieder darauf herein!

Ursache ist ein typisches Merkmal der Depression: Wenn man darin befangen ist, verschieben sich die Maßstäbe. So schrecklich, wie wir uns jetzt fühlen, glauben wir uns immer gefühlt zu haben und auch künftig immer zu fühlen. Die dunkle Stimmungsausstrahlung ist so groß, daß kein Anfang und kein Ende in Sicht ist und überhaupt ist nichts ausgenommen. Man selbst findet sich alt oder häßlich, die Wohnung ist nur eng, und die Stadt nur schmutzig und laut. Dabei sind wir überzeugt, daß wir jetzt endlich den richtigen Durchblick haben, die Dinge so zu sehen, wie sie „wirklich" sind.

Haben wir öfters solche Stimmungen bewußt kommen und gehen sehen, dann brauchen wir nicht mehr mit uns oder dem Schicksal zu hadern. Am besten ist, man lehnt sich weise lächelnd zurück und wartet ...

Das negative Selbstbild

Nach diesen allgemeineren Ratschlägen, was man tun kann, wenn man in unglückselige Überlegungen und Stimmungen bereits verstrickt ist, nun zu den einzelnen Bereichen, die mit unseren Stimmungen zusammenhängen und an denen wir arbeiten können, um unsere Gefühle zu verändern. Von größter Bedeutung ist hier wohl die Selbstabwertung, das negative Selbstbild. Dieses ist auch das einzige Symptom, welches in allen Beschreibungen von depressiven Zuständen immer wieder auftaucht: Man kann sich selbst nicht leiden und behandelt sich eigentlich schlechter als einen ungeliebten Bekannten: Man macht sich ständig Vorwürfe, nörgelt an sich herum, nichts macht man gut genug – es ist einfach zum Davonlaufen! Und genau das möchte man in der Depression: Vor sich davonlaufen, damit endlich diese unerbittliche Stimme im Inneren aufhört, uns herabzusetzen. Manchen erscheint der Selbstmord als die einzige Lösung, das zu schaffen.

Checkliste

1. Ich habe häufig Schuldgefühle.
2. In der letzten Zeit bin ich wohl eine langweilige Gesprächspartnerin.
3. Was ich im Spiegel sehe, gefällt mir oft überhaupt nicht.
4. Wahrscheinlich bin ich erotisch nicht besonders interessant.
5. Ich bin undankbar, weil ich mich nicht so richtig über Geschenke freuen kann.

6. Ich bin selbst schuld, daß es mir so schlecht geht.
7. Wenn mich jemand kritisiert, verfolgt mich das oft tagelang.
8. Ich glaube, viele Leute mögen mich nicht besonders.
9. Wenn ich so mein Leben überblicke, bin ich schon recht enttäuscht über mich.
10. Eigentlich bin ich für eine Liebesbeziehung (einen Berufswechsel, eine Bergtour, modische Kleidung etc.) zu alt.
11. Andere Leute sind auf den meisten Gebieten tüchtiger als ich.
12. Ich kann nicht so tief empfinden wie andere.
13. Ich frage mich oft, ob ich wohl eine gute Mutter (Vater) bin (wäre).
14. Wenn mein Chef mich ruft, denke ich immer sofort, daß ich etwas falsch gemacht habe.
15. Ich werde mich wohl nie ändern können.

Wenn Sie auch nur einige der Gedanken als die Ihren erkannt haben, werden Sie aus folgender Übung großen Nutzen ziehen.

Die „Stopp"-Übung

Immer wenn ich mich bei negativen Gedanken ertappe, sage ich einfach stopp! Dieser Gedankenstopp ist ein sehr einfaches aber äußerst wirkungsvolles Mittel, einen Gedankenfluß, der mein Selbstbild, meine Stimmung und meine Handlungen vergiftet und lähmt, zu unterbrechen. Man kann den Effekt noch verstärken, indem man dabei mehrmals tief durchatmet und/oder zur Bekräftigung das Wort Stopp laut ausspricht, dabei entschlossen auf den Boden stampft etc. So verbiete ich mir einfach selbst, meinen negativen Gedanken weiter nachzuhängen.

Es klingt kaum glaubhaft oder gar lächerlich, aber das kann schon sehr viel helfen. Nur wer diese Übung wirklich über mehrere Tage ausprobiert, weiß, was sie bedeutet. Oftmals wird man dadurch überhaupt erst einmal darauf aufmerksam, wieviel Zeit am Tag man diesen ungünstigen Gedanken nachhängt. Die Psychologie nennt dies „automatische Gedanken", d.h. wir merken oft kaum, daß wir sie denken, bevor wir nicht unsere Aufmerksamkeit darauf lenken. Automatisch heißt auch, daß sie quasi reflexhaft auftauchen, also ohne durch unsere bewußte Kontrolle zu laufen. Wir überprüfen sie gar nicht mehr auf ihren Wahrheitsgehalt, sie haben sich einfach eingeschlichen und färben unterschwellig unser Erleben.

Wenn wir diese Aufmerksamkeitsübungen machen, können wir unser wahres Wunder erleben. Eine Mutter schildert das so: „Plötzlich habe ich gemerkt, daß ich mir eigentlich für alles, was an ungünstigen Dingen passiert, die Schuld gebe. Wenn mein Kind in der Schule eine schlechte Note geschrieben hat, denke ich automatisch: Ich habe meine mütterlichen Pflichten vernachlässigt, das ist meine Schuld, ich bin eben nicht streng genug! Wenn das Fleisch beim Essen zäh war, denke ich: Ich bin einfach eine miserable Köchin, ich werde es nie lernen! Mein Mann sagt bloß nichts, aber in Wirklichkeit schmeckt es ihm im Restaurant viel besser als zuhause. – Das habe ich vorher gar nicht so gewußt. Erst als mir das so richtig klar wurde, wofür ich mich alles verantwortlich mache, konnte ich mich fragen, ob das wirklich so ist, z.B. ob mein Mann mich wirklich langweilig im Bett findet oder ob er einfach nur beruflich überanstrengt ist, und ob ich wirklich für die Schulschwierigkeiten verantwortlich bin, oder ob meine Tochter nur pubertätsbedingte Leistungsschwankungen hat ..."

Und überhaupt: Muß eigentlich immer jemand an etwas schuld sein? Muß man für alles einen Schuldigen suchen?

Ach, hätte ich doch!

Auch alle trüben Gedanken an die Vergangenheit sollte man rigoros mit der Stopp-Übung bekämpfen. Man muß sich solche Wendungen wie: „*Hätte* ich doch damals ..." oder „Es wäre heute alles anders, wenn das und das nicht passiert wäre" etc. einfach verbieten! So absurd es eigentlich ist, aber die meisten Menschen verbrauchen ungeheuer viel Zeit und Energie mit solchen Betrachtungen, die nun wirklich zu gar nichts führen können. Sich tagelang über ein verlorenes Geld aufzuregen, ist so überflüssig wie ein Kropf. Die Zeit kann man besser in Gedanken darauf verwenden, wie man das Geld wohl wieder ersetzen kann (natürlich schon, nachdem man im Fundbüro nachgefragt hat!).

Viel sinnvoller ist es statt dessen zu fragen: Was kann ich *jetzt* tun? Habe ich beispielsweise wirklich den falschen Beruf gewählt, der mir keine Freude macht, so kann ich wenigstens das „Drumherum" verbessern: Mir das Bürozimmer nett einrichten, den eigenen Teppich mitbringen, ein tragbares Radio, für ein Zimmer mit schönem Blick kämpfen und für die Kollegin, mit der man gerne zusammensitzen möchte, sich überlegen, wie man sein Gehalt aufbessern könnte oder sogar ob man nicht doch noch umschulen kann ...

Das gleiche gilt für die Routinearbeit zu Hause: Was ist nötig, was nicht, kann ich mir nicht doch eine Putzfrau einmal die Woche leisten etc.

Die Suche nach positiven Alternativen

In der Depression sehen wir nur die negativen Seiten der Dinge, etwas anderes kommt uns gar nicht ins Blickfeld. Das ist manchmal so stark, daß man als Außenstehender nur kopfschüttelnd daneben stehen kann. So kann eine bildhübsche Frau sich ernsthaft und ohne Koketterie potthäßlich finden, weil sie in diesem Zustand glaubt, ihre (von anderen Leuten als drollig empfundenen) Sommersprossen ruinierten ihr ganzes Aussehen. Oder eine gedankenlose Bemerkung des Mannes, daß er ein anderes Gericht mal wieder gerne hätte faßt sie so auf: „Mein Essen schmeckt ihm nicht." Beteuerungen von außen, daß man das gar nicht so gemeint habe, oder Komplimente nützen nichts. Sie schenkt dem einfach keinen Glauben.

Deshalb muß man sich selbst überzeugen: Nach dem Gedankenstopp, mit dem wir als erstem (s. o.) solchen Gedanken begegnen, machen wir uns selbst nun aktiv auf die Suche nach positiven Alternativen: So könnte man beispielsweise Modehefte aufschlagen und nach Modellen mit Sommersprossen Ausschau halten, wir können uns zwingen wirklich hinzuhören, was der andere sagt und ihm nicht dauernd das Schlechteste unterjubeln, nämlich daß er uns ununterbrochen belügt. Ist das nicht eine Respektlosigkeit dem anderen gegenüber? Wer hat hier abwertende Gedanken: die andere Person oder ich? –

Sicher sind wir auch nicht in allen Dingen ein Engel. Aber üben Sie doch einmal, dem anderen zuzuhören: Was sagt er uns? Wo kritisiert er uns? Hat er damit recht? Können wir es ändern? Wenn ja, in welcher Weise? Dann können wir am besten gleich gemeinsam eine Strategie ausarbeiten. – Aber auch: Was mag der andere an uns? Wo lobt er uns? Oder haben wir einfach einen Partner, der niemals lobt, der an niemandem ein gutes Haar läßt? Dann brauchen wir seine Kritik aber auch nicht persönlich zu nehmen!

Streng mit sich selbst!

Das ist das Motto, welches letztlich hinter jeder depressiven Verstimmung steckt. Freud nannte das das strenge Über-Ich, welches moralisierend und kritisch ununterbrochen auf uns einredet: „Du solltest es doch besser wissen, da siehst Du mal, was Du wieder gemacht hast, das sollte Dir nicht noch mal passieren!“ So reden wir ununterbrochen mit uns selber. Würden wir es wagen, so mit anderen Leuten zu reden, gar mit einem Freund? Wie würde der sich wohl fühlen, wenn wir ihn so schlecht behandeln. Wahrscheinlich ließe er es sich gar nicht gefallen – oder aber würde mit der Zeit sehr entmutigt und deprimiert werden.

Wenn jemand anderem etwas mißlingt, versuchen wir nicht vielmehr ihm zu helfen, ihn zu trösten, ihm zu zeigen, daß vielleicht doch noch nicht alles verloren ist oder gar herauszufinden, was man daraus lernen kann?

Versuchen Sie also jeden Tag 5 Minuten einmal zu sich selbst zu reden, wie zu einem lieben Freund, z. B.: „Guten Morgen – wie geht es Dir, hast Du gut geschlafen – nein? – das tut mir leid – kann ich Dir vielleicht helfen? Hast Du heute viel

Arbeit? Komm! Jammern hilft nun auch nichts! Laß uns doch mal sehen, was Du unbedingt machen mußt und was liegen bleiben kann. Da hast Du dir ja mal wieder viel vorgenommen ... etc.“

Und noch eines: Wenn man sich selbst nicht liebt, neigt man dazu, sich mit Partnern zu verbinden, die einen auch nicht so besonders gut behandeln! – Es ist ja so vertraut, kritisiert und abgewertet zu werden, daß wir das für normal und richtig, u. U. gar für ein Zeichen von Zuwendung halten. Die anderen, die es wirklich gut mit uns meinen, bleiben da nur allzu häufig auf der Strecke. (Doch hierzu mehr im Kapitel: Soziale Beziehungen)

Immer – alles – nie – Stimmt das wirklich?

„Ich mache immer alles falsch“. „Bei mir wird sich nie was ändern!“ „Immer nur muß ich für die andern da sein!“ „Ich habe doch schon alles probiert, bei mir nützt einfach nichts!“

Achten Sie doch einmal darauf, wie oft Sie solche Worte sagen – zu anderen, in Ihrem inneren Monolog mit sich selbst? Wahrscheinlich schon recht oft. Ich selbst war verblüfft, bei mir in großem Ausmaß diese meist völlig unzutreffenden Wörter anzutreffen. Sicher mache ich eine Sache öfters falsch, aber nicht immer, sicher habe ich vieles (oder nur manches?) ausprobiert, aber nicht alles, und daß nie etwas genützt hat, stimmt wohl bei näherem Hinsehen auch kaum. Diese Tendenz, zu verallgemeinern, diese Vorstellung, daß sich ein negatives Ergebnis immer wiederholen werde, engt den Blick für feine Unterschiede ein. Außerdem sehe ich mich als jemanden, der nichts ändern kann, der eigentlich keinen Verhaltensspielraum hat. Urteile ich über mich und andere etwas differenzierter und lasse ich die positiven Dinge zumindest als Ausnahme stehen, nehme ich schließlich doch Schattierungen innerhalb des Grau-in-Grau wahr – ja, vielleicht fängt die eine oder andere Farbe wieder an durchzuschimmern: Vielleicht kann ich ja doch etwas verändern und bin nicht immer nur Opfer.

(Auch die (manchmal recht zaghaften) Versuche anderer, auf mich zuzugehen, meinen Wünschen zwar nicht total, aber vielleicht in einzelnen Teilen zu entsprechen, kann ich dann eher wahrnehmen.)

Um dieser Form der unzutreffenden Verallgemeinerung auf die Spur zu kommen und sich ihrer Absurdität bewußt zu werden, kann man die Schwarz-Weiß-Übung (Idee nach David D. Burns) machen:

Die Schwarz-Weiß-Übung

Versuchen Sie doch einmal einen Tag lang die Welt in Schwarz oder Weiß, Alles oder Nichts einzuteilen, z. B.: Sind diese Wände schmutzig oder sauber? Ist die Frau dort eine Schönheit oder potthäßlich? Bin ich immer und in allen Bereichen nur schlampig oder gibt es doch etwas, was ich in Ordnung halte oder kriege ich nicht doch ab und zu einen Aufräumkoller? War der Tischnachbar wirklich zwei Stunden lang ein absoluter Langweiler, oder hat er nicht doch über die eine oder andere Sache etwas Interessantes gewußt, etc. ...

Ich kann mich einfach zu nichts mehr aufraffen!

Oft ist *das* zentrale Problem eine als quälend erlebte Lähmung und Hemmung etwas zu tun, Dinge in Angriff zu nehmen, sogar solche, die man selbst gerne tun möchte. Körperlich zeigt sich das zum Teil als große Müdigkeit und Abgeschlagenheit. Aber auch, wenn man ganz ausgeschlafen ist, sitzt man manchmal wie gebannt herum, sagt sich, was man jetzt alles tun sollte, müßte, wollte, wird ... und rührt sich nicht von der Stelle.

Checkliste

1. Bevor ich etwas tue, überlege ich mir die Konsequenzen immer ganz genau.
2. Ich habe soviele Pflichten, daß mir keine Zeit für die Dinge bleibt, die ich gerne tun möchte.
3. Gefühle bringen einen nur in Schwierigkeiten.
4. Meist bleibe ich nach dem Aufwachen noch lange im Bett liegen.
5. Ich neige zum Grübeln.
6. Die meisten Dinge finde ich einfach mühsam.
7. Ich bewege mich körperlich sehr wenig.
8. Ich bin oft zu deprimiert, um noch etwas tun zu können.
9. Eigentlich fällt mir jeder Anfang schwer.
10. Wenn ich anfange, über etwas nachzudenken, verliere ich meistens die Lust dazu.
11. Irgendetwas zu planen kostet mich oft mehr Zeit als es auszuführen.

12. Ich schiebe die Dinge meist solange auf, bis sie sich von selbst „erledigen".
13. Ich vergesse immer wieder, daß alles gar nicht so schwierig ist, wie ich es mir ausphantasiere.
14. Der Ausspruch: Einen Klotz am Bein haben trifft auf mich genau zu.
15. Man soll die Dinge richtig oder gar nicht tun.

Sollten hier viele Aussagen (mehr als 5) auf Sie zutreffen, so werden folgende Übungen und Überlegungen Ihnen von Nutzen sein.

Die Tagesübersicht

Schreiben Sie sich nacheinander auf, was Sie gestern so alles getan haben. Am besten links die Stunden und rechts was Sie getan haben, in eine dritte Spalte daneben bewerten Sie die Tätigkeiten danach, wieviel Spaß sie Ihnen gemacht haben: −3: bedeutet: es war schrecklich; −2: sehr mühsam; −1: eher wenig Spaß; +1: so lala; +2: recht nett; +3: hat echt Spaß gemacht.

Danach addieren Sie Ihre „Vergnügungsskala": Bleiben unter dem Strich mehr Plus oder mehr Minus-Punkte? War das ein typischer Tag? War der Tag vorgestern auch nicht besser? – Woran liegt das?

Gehen Sie die Liste noch einmal durch: Bestand sie eigentlich nur aus den Dingen, die Sie tun mußten, zu denen Sie sich verpflichtet gefühlt haben, wie Besorgungen, Putzen, Arbeitsgespräche, oder war auch etwas dabei, das Sie nur für sich gemacht haben, z. B. eine unnütze Kleinigkeit gekauft, zum Schwimmen gegangen, eine schöne Platte angehört etc.? Haben Sie überhaupt das Haus verlassen? Haben Sie außer der Arbeitsstätte und den eigenen vier Wänden etwas gesehen? – Waren Sie aktiv, oder gab es dazwischen lange Zeiten, wo sie sich überlegten, was zu tun sei, wie und ob Sie es tun sollten, warum Sie es nicht schon längst getan haben?

Nun überlegen Sie sich mal einen Tag, an dem Sie sich relativ wohl gefühlt haben. Wie sah der aus? Was haben Sie nacheinander getan? Waren Sie zuhause, im Freien, war es ein Ausflug ins Grüne? Waren Sie allein, zu zweit, mit Freunden? Haben Sie etwas getrunken, sich körperlich angestrengt etc.? Was war es, was Ihnen Spaß gemacht hat?

Wenn Sie nun die beiden Tage vergleichen: Ist es da ein Wunder, daß Sie sich an dem einen Tag soviel schlechter gefühlt haben? Wenn jemand anderes diesen Tag gestern durchlebt hätte, wäre es ihm wahrscheinlich auch nicht besser als Ihnen gegangen.

Diese Übung soll eines verdeutlichen: Sie haben nicht einfach unglückliche Gefühle, Sie erzeugen sie sich zum großen Teil selbst, dadurch, wie Sie glauben Ihre Tage verbringen zu müssen.

Wenn Ihnen diese Gedanken nachvollziehbar sind, können Sie zum nächsten Schritt übergehen.

Die Steigerung angenehmer Tätigkeiten

Erstellen Sie sich eine Liste mit 30 „angenehmen Tätigkeiten", Dingen also, die einfach in sich ein bißchen Spaß machen, Dingen, die Sie immer schon mal gerne tun wollten, aber auch so einfache alltägliche Vergnügungen wie: lange im Schaumbad liegen, bei der Hausarbeit Musik hören, ein Telefonat mit der Freundin führen, den Kaffee draußen und nicht zuhause trinken, schöne Unterwäsche anziehen, in einer Buchhandlung stöbern, irgendwas sammeln, einen Liquer trinken, zum Masseur, in die Sauna gehen oder „einen Tag über seine Verhältnisse leben", etc.

Nun verpflichten Sie sich innerlich, besser noch: jemand anderem gegenüber, aus dieser Liste jeden Tag mindestens drei Dinge zu tun. Dann beobachten Sie, was passiert. Sagen Sie nicht: Das bringt doch nichts. Dazu habe ich keine Zeit! „Stop!" Tun Sie es einfach ohne zu fragen, ohne zu grübeln, hin und her zu überlegen, große Pläne und Vorsätze zu machen. Machen Sie einfach einen Schritt vor den anderen, tun Sie es einfach mindestens eine Woche lang.

(Achtung: Die Liste sollte nur Tätigkeiten enthalten, nicht einfach Nichtstun, lange schlafen, Süßigkeiten essen ... das kann stimmungsmäßig ins Gegenteil umschlagen!)

Liste angenehmer Tätigkeiten

Um Ihnen die Sache etwas leichter zu machen, haben wir selbst eine Liste angenehmer Tätigkeiten zusammengestellt, die Ihnen Anregungen geben können, falls Sie selbst Schwierigkeiten haben, Ihre Liste vollständig zu machen.

1. Ein duftendes Schaumbad nehmen.
2. Tieren im Park zuschauen.
3. Einen Ausflug oder Urlaub planen.
4. An jemand denken, den man gerne mag.
5. In ein Café oder eine Kneipe gehen.
6. Gymnastik-Übungen machen.
7. Einen oder mehrere Tage Diät-leben oder Fasten.
8. Meine Lieblingsplatte anhören.
9. Bewußt saubere Luft einatmen.
10. Ein Aufputschmittel nehmen.
11. Teure oder maßgeschneiderte Kleidung tragen.
12. Ein neues Parfüm/Rasierwasser tragen.
13. Ein Zimmer auf-/umräumen.
14. Selbst Autofahren (allerdings nicht im dichtesten Verkehr).
15. Jemandem anderen eine unerwartete Freude machen.
16. Alte Freunde besuchen.
17. Irgendetwas auseinandernehmen und zu reparieren versuchen.
18. Etwas Neues kennenlernen (ein neues Stadtviertel, ein neues Strickmuster, eine neue Zeitschrift, ein neues Lied etc.).
19. Laut singen.
20. Ein Tier versorgen.
21. Sich einen guten Witz merken und weiter erzählen.
22. Sich beruflich engagieren.
23. Versuchen, eine bestimmte Sache besonders gut zu machen, z. B. ein Essen, einen Drink.

24. Jemandem anderen ein Kompliment machen.
25. Etwas Kleines zum Verkaufen oder Verschenken selbst anfertigen.
26. Pläne machen, wie man mehr Geld verdienen könnte.
27. Gesellschaftsspiele spielen.
29. Eine Fremdsprache erlernen oder auffrischen.
30. Zum Friseur gehen.
31. Alleine oder mit anderen tanzen.
32. Gartenarbeit verrichten.
33. Sich über philosophische oder religiöse Dinge unterhalten.
34. Sich in einer Diskussion engagieren, statt nur zuzuhören.
35. Jemanden massieren oder massiert werden.
36. Eine ausgedehnte Wanderung machen.
37. Fotographieren.
38. Jemanden neuen kennenlernen.
39. Sich Notizen machen (Tagebuch, Pläne, Veranstaltungen merken).
40. Etwas tun, was ich mir schon lange vorgenommen habe (Zähne richten, Mal-/Töpferkurs besuchen, Sport treiben, gesund leben etc.).
41. Sich einen Blumenstrauß ins Zimmer stellen.
42. Eine Entspannungsübung machen.
43. Sich körperlich anstrengen.
44. Im Freien Barfußlaufen.
45. Über Sexualität sprechen.
46. Etwas verkaufen oder mit etwas handeln.
47. An öffentlichen Veranstaltungen teilnehmen (Versammlungen, Theaterfestival, Sommerfeste, öffentliches Faschingstreiben).
48. An der Sonne sitzen.
49. An einer Versteigerung teilnehmen.
50. Küssen.
51. Sich zum Essen verabreden.
52. Ein Gespräch auf eine Sache lenken, über die man gut Bescheid weiß und mitreden kann.
53. Zeit für die Familie haben.
54. Sich mal richtig ausweinen.
56. Einem Freund/Freundin seinen Kummer gestehen.

57. Jemandem sagen, daß man ihn mag.
58. Sich einen Tag frei nehmen ohne krank zu sein.
59. Sehr spät ins Bett gehen ohne Rücksicht auf das Morgen.
60. Eine Entscheidung spontan treffen und sie nicht wieder rückgängig machen.
61. Etwas Risikoreiches tun (eine kleine Summe verwetten, relativ unvorbereitet in eine Prüfung gehen, ausgefallene Kleidung tragen, ein gewagtes Make-up auflegen etc.).
62. Sich etwas wirklich Unnützes anschaffen (z. B. Radiowekker, Walkman, Rollschuhe, Kaffeemaschine, die sich automatisch morgens zu einer bestimmten Zeit einschaltet).
63. Eine schwierige Aufgabe nach eigenem Gutdünken erledigen etc.

Diese Liste enthält nur Vorschläge, die fast für alle machbar sind; also keine teuren Urlaubsreisen, sondern alles Möglichkeiten, wie man sich selbst verwöhnen kann, die man selbst in der Kontrolle hat. Falls Sie es lange Zeit vernachlässigt haben, einen Großteil dieser Dinge zu tun, so ist es nicht verwunderlich, wenn Sie innerlich „eingeschlafen“ sind, Sie sich matt und energielos fühlen.

Stimmungseinschätzung

Wenn Sie die Übung: Steigerung angenehmer Tätigkeiten gemacht haben, fragen Sie sich, wie es Ihnen geht. Nicht so toll? Sicher nicht, wahrscheinlich werden Sie nicht in Wonne baden und ein für allemal Ihre Depression los sein. Das wird niemand so gehen. Werfen Sie deshalb nicht gleich alles wieder hin, sondern vergleichen Sie einfach Ihre Stimmung jetzt mit Ihrer Stimmung von vor einer Woche. Dies geschieht am besten anhand von einer Skala von −3 bis +3: −3 bedeutet miserabel, −2 schlecht, −1 nicht besonders etc. bis +3 hervorragend (also wie bei der Tagesübersicht).

Checken Sie Ihre Stimmung jeden Tag, nachdem Sie Ihr Soll an angenehmen Tätigkeiten erledigt haben. Gibt es nicht doch Schwankungen, je nachdem was Sie sich gegönnt oder was Sie unternommen haben? Ist Ihre Stimmung nicht wenigstens manchmal besser gewesen, wenn auch nur um einen Punkt: z.B. haben Sie jetzt statt „schlecht", „nicht besonders" angekreuzt? Das ist auch schon was. Niemand, auch nicht die Menschen, die nicht zu Depressionen neigen, hat immer ein stabiles Glücksgefühl im Bauch. Bei jedem setzt sich die Stimmung aus vielen kleinen Dingen zusammen, die man getan oder unterlassen hat, die angenehm oder unangenehm waren. Erst einmal geht es darum, daß man sich auch für kleine Veränderungen in der Stimmung zum Guten hin empfänglich macht und nicht wieder alles gleich abwertet.

Gute Stimmung als „Nebenprodukt"

Wer diese Übungen macht, dem wird aber auch klar: Gute Stimmung kann man nicht immer so einfach durch angenehme oder vergnügliche Tätigkeiten herstellen. Man kann nicht sagen, dies und das tue ich jetzt, damit ich dann glücklich bin. Wer kennt nicht die Enttäuschung, daß der Ausflug ins Grüne oder der Urlaub im Gegensatz zum letzten Mal, wo man am gleichen Ort war, einen nicht restlos begeistert hat und auch die Freude übers neue Kleid nicht bis tief in den Bauch rutscht.

Andererseits gibt es aber auch die umgekehrte Überraschung: Ist es einem beispielsweise als totaler Laie geglückt, eine defekte Waschmaschine wieder zum Laufen zu bringen, dann kann uns das mit einer unerwarteten Befriedigung erfüllen. Oder wir ziehen aus, Erdbeeren für die Sommermarmelade zu pflücken, eigentlich eine schmutzige und eher unbequeme Tätigkeit. Während des Tuns bemerken wir plötzlich, daß wir Freude daran entwickeln, das Gefühl haben, etwas sehr Sinnvolles zu tun. Die Früchte sind da um geerntet zu werden. Plötzlich fühlt man sich im Einklang mit den Erfordernissen, mit dem, was uns umgibt. Das Glück ist sozusagen durch die Hintertür, als „Nebenprodukt" gekommen.

Nur wer also bereit ist, wenigstens probeweise mal etwas zu versuchen, der kann auch positive Überraschungen erleben und seine Stimmung zum Guten hin beeinflussen.

Zum Thema Entspannung

Obleich bei der Depression die Lähmung und Energielosigkeit im Vordergrund stehen, und wir das Gefühl haben, wir tun zu wenig, sind lahm, reißen uns nicht zusammen etc. – liegt in den meisten Fällen dahinter etwas anderes: Spannung, ein Konflikt, zwei entgegengesetzte Tendenzen, die gleich stark sind und sich auf diese Weise immobilisieren: Wenn man beispielsweise seine zwei Hände mit großer Kraft gegeneinanderdrückt, so entsteht keine Bewegung, aber erschöpft sind wir nach einer Weile doch genauso, wie wenn wir den Stein des Sisyphos ununterbrochen bergauf gerollt hätten.

Daß hinter der Lähmung eigentlich eine Hemmung und damit Spannung steht – wodurch sie auch immer begründet sein mag – erklärt das Phänomen, daß depressive Menschen durch Entspannungsübungen aktiver werden. Solche Übungen, richtig ausgeführt, lösen Verspannungen und befreien die unfruchtbar gebundenen Kräfte. Ganz von selbst tut man plötzlich mehr – mit dem subjektiven Gefühl, sich weniger anstrengen zu müssen. Man hat einfach wieder mehr Energie und Lust Dinge zu tun.

Entspannung heißt aber nicht: einfach länger schlafen, sich ständig ausruhen, nichts tun! (Diese Methoden können im depressiven Zustand das Gegenteil bewirken: In manchen Fällen verordnet man bei schwer Depressiven sogar Schlafentzug! Nach einer durchwachten Nacht ist man dann meist müde, aber glücklich.)

Denn wenn wir erst einmal in einen solchen Zustand geraten sind, schaffen wir es einfach nicht, uns wirklich zu entspannen – in unserem Kopf dreht sich die Gedankenmühle unaufhörlich weiter – und auch nachts erholt man sich im Schlaf nicht einfach automatisch: Viele Menschen vollbringen zu der Zeit oft Schwerstarbeit; sie pressen die Kiefer aufeinander und mahlen mit den Zähnen, verspannen Schulter oder Beinmuskulatur und wachen morgens total zerschlagen auf.

Entspannung, hat man den paradiesischen Unschuldszustand erst einmal verloren, muß man ganz bewußt wieder erlernen.

Physiologische Messungen (nach H. Benson: Gesund im Streß – eine Anleitung zur Entspannungsreaktion von Prof. Dr. med. Herbert Benson, Ullstein Verlag, 1979) – haben ergeben: Wer eine der im folgenden beschriebenen Entspannungstechniken regelmäßig anwendet, ist nicht nur dem Streß besser gewachsen und erholt sich schneller von Strapazen. Nicht nur ist allgemein die Abwehr gegen Infekte erhöht sowie die Regeneration nach Krankheiten und anderen Belastungen beschleunigt, man schläft auch besser und tiefer und deshalb schließlich meist auch kürzer. Insgesamt fühlt man weniger Angst, und mehr Optimismus und Tatkraft. Gesteigerte Selbstsicherheit, Wohlbefinden und Verjüngung des Aussehens stellen sich „so nebenbei" ein.

Checkliste

1. Ich bin eher etwas ängstlich.
2. Mein Körper braucht eigentlich mehr als 8 Stunden Schlaf.
3. Mein Körper reagiert stark auf Witterungsumschwünge und Klimawechsel.
4. Ich rege mich leicht auf.
5. Ich kann schlecht einschlafen.
6. Ich neige zu Konzentrations- und Leistungsstörungen.
7. Ich werde leicht rot oder blaß.
8. Ich bin manchmal besonders licht- und geräuschempfindlich.
9. Meistens bin ich morgens nach dem Aufstehen noch lange zerschlagen und matt.

10. Ich spüre öfters eine innere Unruhe.
11. Ich kann schwer abschalten, wenn mich eine Sache beschäftigt.
12. Ich neige zu Kopfschmerzen.
13. Bei der kleinsten Aufregung bekomme ich feuchte Hände.
14. Ich habe häufig Stuhlverstopfung.
15. Ich mache mir häufig übermäßige Sorgen.

Wenn von dieser Liste mehr als 5 Punkte auf Sie zutreffen, so werden Sie von Entspannungsübungen besonders merkbar profitieren können.

Das Autogene Training

Diese Technik ist heute wohl am verbreitetsten unter den sogenannten Entspannungstechniken. Sie ist hauptsächlich verbunden mit dem Namen J. H. Schultz. Er entdeckte bereits in den zwanziger Jahren (was natürlich in Indien längst allgemein bekannt war), daß wir, zwar nicht direkt über unseren Willen, wohl aber indirekt über bestimmte Vorstellungsbilder Einfluß auf das autonome (also normalerweise dem Willen nicht unterworfene) Nervensystem haben können. Seinen Patienten gelang es nach einiger Übung meßbare (!) Wärmeempfindungen in einzelnen Körperteilen zu erzeugen, ihren Pulsschlag zu verlangsamen, ja sogar den Herzschlag und andere innere Organe zu beeinflussen.

Die untersten Stufen kann jeder rasch bei sich selbst erleben: Wenn man sich nur häufig genug – in ruhiger Umgebung und entspannter Haltung darauf konzentriert, Schwere oder Wärme in der rechten oder linken Hand oder dem ganzen Arm zu empfinden, so stellt sich die tatsächliche Schwere und Wärme auch bald ein. In sechs aufeinander aufbauenden Schritten lernt der Übende immer mehr sich zu entspannen und auf seinen Körper Einfluß zu nehmen.

Gleichzeitig prägt man sich durch ständige Wiederholung bestimmte Worte oder Merksätze ein, welche in diesem entspannten Zustand tief auf die Psyche einwirken Der innere

„Computer“ wird auf diese Weise „umprogrammiert“: Statt der negative Leitsätze, die unterbewußt unser Handeln leiten, setzen wir nun positive, wie: Ich schaffe es, alles geht leicht, Frieden etc. Oder man arbeitet mit inneren Bildern, die eine besondere Ruhe und Schönheit ausstrahlen. Jeder kann sich so sein eigenes „Programm“ machen. Allerdings: Die Übungen greifen tief in das autonome Nervensystem ein. Auch können durch die Entspannung alte seelische Konflikte wieder auftauchen. Deshalb sollten solche Übungen auch nicht vollständig allein, z. B. durch auf dem Markt angebotene Kassetten erlernt werden. Es ist sicherer und natürlich auch viel lustiger, die Technik in Gruppen und unter ärztlicher oder psychologischer Anleitung zu erlernen.

(Kurse werden angeboten von Volks-Hochschulen, Gesundheitsparks und anderen Institutionen. Die Preise liegen zwischen 130 und 150 DM (8mal 1½ Stunden Grundkurs). Auf ärztliche Verschreibung zahlt die Krankenkasse den überwiegenden Teil davon. Geht man privat zu Ärzten oder Psychologen, zahlt man meistens gut das Doppelte.)

Progressive Muskelentspannung

Dieses Verfahren wurde etwa gleichzeitig wie das Autogene Training durch Jacobson in Amerika ausgearbeitet. Auch hier wird in ruhiger Atmosphäre und meist im Liegen ausgehend von der Hand über die anderen Körperteile der ganze Körper nacheinander systematisch entspannt. Jacobson konzentriert sich jedoch nur auf die Muskeln. Entspannung wird hier erlernt über die Sensibilisierung für die Spannung, die im Körper ganz unbemerkt von uns auch noch in ruhender Lage vorhanden ist. Dies geschieht, indem man die einzelnen Körperteile erst einmal so richtig anspannt. Erst danach läßt man ganz bewußt los und beobachtet genau alle damit verbundenen Empfindungen und Reaktionen im Körper. So lernt man allmählich auch im alltäglichen Leben und bei Belastungen jede unnötige Spannung im Körper aufzuspüren und durch gezielte Entspannung aufzulösen. Auch dieses Verfahren bedarf längerer und täglicher Übung. Da es sich nur auf die tatsächliche Muskelentspannung konzentriert, kann diese Technik auch im Selbstlernverfahren erworben werden. Zu empfehlen ist die Kassette: Entspannungstraining auf der Basis der progressiven Muskelentspannung von L. Echelmeyer/D. Zimmer, Pfeiffer Verlag München 1980, DM 24,–.

Aber auch hier ist – nicht nur wegen der Durchhaltemotivation – ein Gruppenkurs unter fachlicher Anleitung vorzuziehen. Verspannungen im Körper drücken ja oft innere Verspannungen aus. Lösen sich diese langsam oder plötzlich mit der äußeren Spannung, kann man manchmal Hilfe benötigen.

Die Meditation

In der Meditation versucht man nicht direkt den Körper zu entspannen. Vielmehr wird die Aufmerksamkeit auf etwas gelenkt: ein inneres Bild, ein Wort (Mantra), eine Zahl, einen selbsterzeugten Ton etc. Durch diese Bindung der Aufmerksamkeit können wir unseren Geist weitgehend und immer mehr von allen anderen auftauchenden Gedanken – angenehmen wie unangenehmen frei machen. Wir bekämpfen diese Gedanken nicht, wir schenken ihnen einfach keine Aufmerksamkeit. So verlieren sie an Bedeutung. Der Verstand wird ganz leer.

Dies aber wirkt sehr beruhigend auf den ganzen Körper. Die Sorgen rücken weit weg, verlieren ihren Schrecken. In der Ruhe findet man zurück zu einer gelasseneren Haltung, wieder zurück zu den Dingen, die eigentlich wichtig sind ...

Mit Meditationstechniken wird viel Unfug getrieben. Durch unbefugte Hand vermittelt können sie viel Schaden anrichten. Nicht nur verdienen manche Gurus viel Geld damit, sie geben den Meditierenden auch oft keine Hilfe, wenn plötzlich doch Schwierigkeiten auftreten: Wenn z. B. der Betroffene das Interesse an Beruf und Familie verliert oder gar angstmachende Veränderungen seiner Körperwahrnehmung oder sonstiger Sinneswahrnehmung erlebt. Denn auch die Meditation ist ein tiefgreifendes Verfahren.

Das schmälert aber nicht die wohltuenden Wirkungen einer guten Meditation: Die Person stabilisiert sich insgesamt, wird ruhiger und gelassener, ißt, ohne sich das bewußt vorzunehmen, gesünder, trinkt weniger Alkohol etc., das ist wissenschaftlich erwiesen. Allerdings ist uns das mystische „Beiwerk" der östlichen Traditionen nicht immer verträglich.

Die Entspannungsreaktion nach Benson

Deshalb vertritt Benson, ein amerikanischer Forscher, der sich ausführlich mit den physiologischen Wirkungen der Meditation im Vergleich zu anderen reinen Entspannungstechniken befaßt hat, die Meinung: Alle diese Techniken, seien es nun die Meditation nach den verschiedensten Methoden oder unsere westlichen Entspannungsübungen, bewirken letztlich ein und dasselbe: Sie lösen im Organismus eine Entspannungsreaktion aus.

Benson hat deshalb eine eigene Technik entwickelt, welche Elemente der europäischen-amerikanischen Entspannungstechniken mit Elementen der Meditation verbindet. Er schlägt folgendes sehr wirksame Verfahren vor:

In ruhiger Umgebung liegend oder sitzend versucht man zunächst seine Muskeln zu entspannen. Dann lenkt man die Aufmerksamkeit auf den Atem. Man beobachtet, wie man ein- und ausatmet, wie der Atem durch den Körper geht. Dabei versucht man, nichts zu kontrollieren, sondern nur ganz passiv zu beobachten, geschehen zu lassen. Da der Geist auch irgendwie beschäftigt sein muß, schlägt er vor, beim Ausatmen das Wort „eins" leise innerlich zu sich selbst zu sagen. Seiner Ansicht nach kann jedes Wort die Funktion eines „Mantras" haben, da es hilft, den Geist „leer zu machen".

Auch diese Methode verlangt regelmäßiges Üben morgens vor dem Frühstück und nachmittags vor dem Abendessen jeweils 15 bis 20 Minuten.

Natürlich gibt es noch andere gute Techniken der Entspannung. So wird zum Beispiel Yoga als das Autogene Training des Ostens gesehen. Auch andere konzentrative Körperbewegungen, wie im Tai'chi oder bestimmte Tanzformen, haben die oben beschriebenen positiven Wirkungen.

Depression: Die Frage nach dem Sinn

Was die physiologischen Messungen und Erklärungsmodelle zu den Entspannungstechniken aber nicht erklären können ist folgendes Phänomen:

Nach einer Weile intensiven Übens berichten die meisten Menschen übereinstimmend, daß sie ihr Dasein und ihre Handlungen jetzt als irgendwie sinnvoller, erfüllter, intensiver etc. erleben. Insgesamt fühlen sie sich lebendiger, mehr „da" und eingebettet in einen größeren Zusammenhang. Manche entdecken ihre verschüttete Religiosität, andere haben tiefe Sinnerlebnisse, was ihre Aufgabe in der Familie, der Kunst oder einfach im Leben angeht. – Die sonst so quälenden Gedanken: Was soll das alles? Was bringt mir das? Lohnt sich der Aufwand? verlieren an Substanz, drängen sich nicht mehr zwischen jedes Vorhaben und seine Ausführung. – Wahrlich, für manche ein wunderbar erlösendes Gefühl. Zum erstenmal haben sie den Eindruck, „angekommen" zu sein, eine Antwort zu bekommen auf ihre Fragen, die scheinbar nur sie in dieser Intensität gestellt haben. Fragen wie: Warum bin ich hier? Was ist der Sinn des Lebens?

Deshalb auch einmal eine positive Bemerkung über Depression: Sie zeigt uns, daß etwas nicht in Ordnung ist, daß wir achtgeben müssen. Sie ist der Stachel im Fleisch, der uns nicht in zufriedener Sattheit verweilen läßt, der uns immer wieder fragen läßt: Was ist der Sinn unseres Lebens? Wie kann ich es sinnvoll machen, ihm einen Sinn geben? Sicher die menschlichste aller Fragen.

Um solche intensiven Sinnerfahrungen zu machen, scheint das Loslassen-Können, so wie es in den Entspannungstechniken erlernbar wird, Voraussetzung zu sein. Sicher gibt es viele andere Möglichkeiten, solche Sinnerfahrungen zu machen: in einer Liebesbeziehung, nach einem besonders intensiven sexuellen Erlebnis, durch Musik, Natureindrücke. Die systematische Entspannung jedoch gibt uns wohl eines der verläßlichsten Mittel in die Hand, den Boden für solche Erfahrungen selbst vorzubereiten. Wir müssen nicht mehr nur verzweifelt warten, bis vielleicht etwas von selbst geschieht, das uns überwältigt und uns eines der wenigen „Gipfelerlebnisse“ (nach Maslow) im Leben beschert.

Soziale Beziehungen

Wenn es einem nicht gut geht, zieht man sich gewöhnlich in sich zurück, sieht weniger Leute, lernt keine neuen kennen, beschränkt sich auf das Vertraute. Aber auch das Umgekehrte gilt: Wenn man wenige und immer die gleichen sozialen Kontakte hat, andere an seinen Gefühlen nicht teilhaben läßt und wenig aktiv auf andere zugeht, so beeinträchtigt das auf die Dauer unser Wohlbefinden. Positive soziale Kontakte gehören zu den Aktivitäten, die „automatisch" positive Gefühle hervorrufen.

Checkliste

1. Ich hätte gerne mehr Freunde, als ich habe.
2. Alleine gehe ich eigentlich nie weg.
3. Früher war ich viel geselliger als heute.
4. Bei Kontakten überlasse ich die Initiative lieber dem anderen.
5. Ich bin leicht verletzlich.
6. Ich habe noch nie eine Party selbst gegeben.
7. Ich bleibe oft den ganzen Tag zuhause.
8. Ich habe schreckliche Angst, daß die Leute mich auslachen könnten.
9. Niemand soll sehen, wenn es mir schlecht geht.
10. Neue Leute kennenzulernen macht mir Angst.
11. Irgendwie fühle ich mich immer ein bißchen angespannt, wenn ich unter Leuten bin.
12. Es fällt mir schwer, jemanden um einen Gefallen zu bitten.

13. Es ist nicht nötig, jemandem seine Zuneigung immer wieder zu versichern, wenn er es einmal weiß.
14. Mir kann man es „an der Nasenspitze“ ansehen, wie es mir geht.
15. Man sollte Berufs- und Privatleben streng voneinander trennen.

Wenn Sie hier mehr als fünfmal mit „stimmt“ reagieren, so sollten Sie dringend etwas zum Abbau Ihrer sozialen Beziehungen tun. Das ist leichter gesagt als getan, werden Sie denken. Aber vielleicht helfen Ihnen die folgenden Überlegungen und Übungen, Ihre Ängste und Vorstellungen, die dies verhindern, besser zu erkennen, zu überprüfen und so zum Teil zu verwerfen.

Die „Alles-oder-nichts-Regel“

Wer zu depressiven Verstimmungen neigt, handelt gewöhnlich nach der „Alles-oder-nichts-Regel“: Entweder es geht mir gut oder es geht mir schlecht, entweder ich sehe besonders hübsch oder aber ganz unattraktiv aus, der Mann liebt einen oder er liebt einen nicht. Daß natürlicherweise in einer Beziehung die Intensität der Gefühle schwanken kann, daß man auch aus einer nicht perfekten Beziehung auch etwas lernen kann, das ist etwas, was einem schwer eingeht, nicht im Kopf, sondern im Gefühl.

Diese Neigung, das „Kind mit dem Bade auszuschütten“, kann viel Kummer und uns das Leben schwer machen. Aber man überlege einmal: Was ist besser? Schlecht, aber mit Spaß Ski zu fahren oder aber gar nicht? Wenn es keine Freundschaft fürs Leben sein kann, sollte man dann erst gar keine Freundschaft anknüpfen? Wer wenig ausprobiert, kann wenig gewinnen und entdecken. Und viele kleine Schritte führen zumindest weiter als immer in großen Sprüngen denken, welche man dann aus Angst vor dem Risiko immer wieder hinauszögert.

Die Alles-oder-nichts-Vorstellung macht einsam. Sie läßt uns (oder den anderen) Beziehungen abbrechen, noch bevor sie richtig gediehen sind. Und immer wieder müssen wir ganz von vorne anfangen, treten dem anderen aufs neue mit Riesenerwartungen entgegen. – Würden wir nicht auch davonlaufen, wenn wir spüren, daß der andere seine ganzen Hoffnungen und Wünsche in uns setzt? Und das, noch bevor wir ihn richtig kennen? Wahrscheinlich resignieren wir dann irgendwann: Uns liebt ja doch niemand so richtig, oder: Die Männer/Frauen, die mir begegnen, sind mir letztlich doch nicht gewachsen, oder: Ich habe einfach immer Pech mit Männern/Frauen.

Die anderen sind soviel glücklicher!

Haben Sie auch das Gefühl, daß es den anderen einfach viel besser geht, daß sie die meiste Zeit glücklich sind, daß sie keine Ängste und viel mehr Selbstvertrauen haben, kaum Fehler machen und ihre Ziele mit einem Minimum an Kraftaufwand erreichen?

Da muß ich Sie leider enttäuschen.

Viele sogenannte erfolgreiche Menschen berichten von Enttäuschungen, Anstrengungen, Rückschlägen, Ängsten. Das einzige was sie von weniger erfolgreichen unterscheidet, ist, daß Sie nicht solange bei ihrem Mißerfolg verweilen, dem keine so große Bedeutung beimessen und Anstrengungen für selbstverständlich halten.

Wer leicht depressiv wird, glaubt, sich vor Scham in seinem Unglück verkriechen zu müssen, sich mit seinen Schwächen den anderen nicht zumuten zu können. Die große Empfindlichkeit gegen Kritik verhindert jede intime Unterhaltung – man könnte sich ja eine Blöße geben für die der andere einen dann verachten würde. Deshalb erfährt man auch eigentlich nie, ob die anderen nun tatsächlich so viel glücklicher sind und weniger Probleme haben. Wer selbst seine Gefühle immer kontrolliert und nach außen nichts zeigt, hört auch von den anderen nichts wirklich Persönliches. So kann er sein eigenes Bild nicht korrigieren.

Versuchen Sie doch einmal, jemandem über einen Fehlschlag von Ihnen zu berichten, z. B. wie Sie nachts trotz bester Vorsätze den halben Kühlschrank leergeräumt haben, daß Sie, wenn Sie neue Leute kennenlernen, sich ganz dumm vorkommen, weil Ihnen nichts einfällt, daß Sie Angst haben, ein Mann würde sich über Sie lustig machen, weil Sie sich so offensichtlich für ihn interessieren. Sie werden Ihr blaues Wunder erleben! Es gibt kaum eine Schwäche, die der andere nicht auch bei sich findet – ganz erleichtert wird er ihnen wahrscheinlich gestehen, daß es ihm ganz genauso geht. – Ein bißchen Unmenschlichkeit ist geschwunden, Sie sind sich beide etwas sympathischer geworden; denn ein Mensch ohne Schwächen ist niemandem sympathisch, obwohl er sich doch so bemüht.

Warum „immer perfekt sein" langweilig ist

Sicher fällt Ihnen jemand ein, der immer ganz perfekt ist – z. B. eine Frau, die immer sehr gepflegt und zu jeder Gelegenheit passend elegant oder sportlich angezogen auftritt. Die Frisur hat immer den richtigen Schwung, nie haben Sie sie ohne Make-up gesehen. Und im Beruf ist sie natürlich auch erfolgreich. Sie ist selbständig, unabhängig, emanzipiert; eine tolle Frau!

Aber sind Sie mit ihr befreundet? – wahrscheinlich nicht. Wenn Sie ehrlich sind, so fühlen Sie sich manchmal nicht so recht wohl in ihrer Gesellschaft. Dabei ist sie recht nett. Aber neben ihr fühlen Sie sich eher ein bißchen unbeholfen und befangen. Kurz: Eigentlich sind Sie mit ihr nie so recht warm geworden. Irgendwie haben Sie das Gefühl, in ihrer Gegenwart dürften Sie sich nicht einmal gehen lassen und so richtig gemütlich dahinplaudern oder ihr Herz ausschütten. Manchmal ist Ihnen direkt ein bißchen langweilig geworden ... obwohl Sie sie natürlich bewundern.

Wie kommt das? Jemand, der immer perfekt sein will, setzt sich selbst und damit den anderen unter einen großen Druck, meist ohne das selbst noch richtig zu merken. Er beobachtet sich ständig und fragt sich, was er für eine Wirkung auf seine Mitmenschen haben mag. Es ist ihm sehr wichtig, sein Äußeres, seinen Gesichtsausdruck, sein Verhalten ständig unter Kontrolle zu haben, einen bestimmten Eindruck zu erzielen. Meist auch mit Erfolg. Denn er hat sozusagen die Sache im Griff. – Aber für Spontaneität ist da natürlich wenig Platz. Alles ist schon irgendwie „vorprogrammiert". Auch der Erfolg, den ein solches Verhalten zumindest im beruflichen und gesellschaftlichen Leben gewöhnlich hat.

Aber der Preis dafür ist sehr hoch. Zum einen ist es ganz schön anstrengend, immer ein so perfektes Bild abzugeben. Dauernd muß man aufpassen, sich kontrollieren, sich richtig hinsetzen, das Richtige lesen etc. Da man soviel Zeit und Aufmerksamkeit auf die eigene Person richtet und darauf, wie sie auf den anderen wirkt, sieht man den anderen gar nicht mehr so richtig. Der Kontakt zu ihm ist nicht mehr herzlich und eng. Hinzu kommt, daß eine solch perfekte Fassade den anderen eben oft einschüchtert.

Dabei muß man eigentlich selbst die ganze Zeit Angst haben, der andere könnte dahinter kommen, daß man doch gar nicht so perfekt ist, daß dahinter auch nur ein Mensch steckt mit seinen Unsicherheiten und Zweifeln und seinen kleinen Schönheitsfehlern.

Aber ist das so schlimm? Stellen Sie sich vor, wie langweilig es wäre, wenn alle Menschen gleich schön, gleich schlank und wohlproportioniert und immer gleich gut aufgelegt wären. Wenn alle dem gleichen Schönheitsideal entsprechen würden, dann müßte schleunigst ein neues erfunden werden. Denn begehrt ist, was selten ist.

Vielleicht können Sie Ihrem Freund so eher glauben, wenn er Ihnen immer wieder versichert, daß er gerade Ihre netten Lachfalten besonders gerne mag oder daß Ihr Ihrer Meinung nach etwas zu dick geratener Po es ihm besonders angetan hat. Und finden Sie ihn nicht auch dann besonders rührend, wenn er mal verlegen ist oder zugibt, daß er im Moment gerade nicht weiter weiß?

Stehen Sie also dazu, wie Sie sind und wie Sie sich fühlen und versuchen Sie nicht, immer den Maßstab vom perfekten Verhalten zu erfüllen. Wenn Sie Lust haben, sich für ein Fest ein bißchen aufzudonnern, auch wenn eher das „kleine Schwarze" erwartet wird – tun Sie es trotzdem. Ihre strahlende Laune hilft ihnen, die kleine Maskerade mit Glanz und Glorie über die Bühne zu bringen. Fühlen Sie sich gerade im Freizeitlook besonders wohl – dann retten Sie auch etwas davon in den grauen Alltag – auch noch lange nach dem Urlaub. So streng sind die Kleidungs- und Kosmetik-Vorschriften meist auch im Beruf nicht. – Und wenn Sie morgens einmal etwas ängstlich oder gar sorgenvoll in den neuen Tag schauen, dann versuchen Sie nicht, durch ein besonders dickes Make-up sich den Anstrich zu geben, als sei alles in Ordnung. Wenn man Ihnen nicht mehr ansieht, wie es Ihnen geht, kann auch niemand merken, daß Sie an diesem Tag ein bißchen Zuspruch und Verständnis von Ihrer näheren Umgebung brauchen.

Übrigens: Psychologischen Untersuchungen nach bevorzugen die Leute, die selbst immer sehr perfekt sind, die spontanen Leute, die nicht perfekt sind, dafür aber abwechslungsreich, weil sie sich echt geben.

Und auch das sagen die Psychologen: Die Fähigkeit einer Person, sich Vertrauten gegenüber zu öffnen, ist die Voraussetzung für seelische Gesundheit – oder anders ausgedrückt: Wir lernen uns selbst nur kennen, wenn wir uns anderen enthüllen!

Eine Übung speziell für Frauen: Zeigen Sie sich mindestens einmal pro Woche (besser 1mal pro Tag) ungeschminkt und ganz ohne Schmuck! Fällt Ihnen das schwer, so können Sie mit „ungefährlichen Situationen" anfangen: beim morgendlichen Gang zum Bäcker, später bei der langjährigen Freundin, dann ins Kino, ins Büro etc.

Geben ist seliger als Nehmen

Wahrscheinlich haben Sie eher den Eindruck, Sie müßten allgemein mehr geben, als sie selbst zurückbekommen; in der Ehe, bei den Kindern, im Beruf etc. Und wahrscheinlich denken Sie auch: Niemand sieht so richtig, was ich eigentlich für ihn tue, auf was ich alles verzichte. Daher wird Ihnen die Überschrift vielleicht wie eine religiöse Floskel, wie „Opium für das Volk“ vorkommen.

Warum es trotzdem stimmt, daß Geben mehr Freude als Nehmen macht, kann und will ich selbst nicht ganz logisch erklären. Aber ich habe es ausprobiert. Es stimmt. Und so machte ich die Erfahrung: Als es mir nach einer langen seelischen „Durststrecke“ wieder gut ging, merkte ich, daß ich in meinem Überschwang anderen unerwartete Geschenke machte, Blumen kaufte, Besorgungen für sie erledigte, ihnen die Tür aufhielt, ihnen sagte, wie ich mich freue, sie zu sehen, etc. Ich hatte soviel abzugeben, es floß einfach von selbst aus mir heraus. Ich war selbst strahlend und schaffte mir dadurch eine strahlende Umgebung.

Ja dann ist es ja einfach, werden Sie sagen, natürlich, wenn es einem gut geht, wenn man verliebt ist in jemanden oder einfach das Leben, dann ist es leicht etwas abzugeben. Aber wenn man selbst wenig hat, wenn es einem schlecht geht ... Dann kostet das doch zuviel Kraft.

So habe ich auch immer gedacht. Aber da ich irgendwann einmal beschloß, mich nicht immer wieder in graue Stimmungslöcher hineinfallen zu lassen, versuchte ich mir zu merken (zum Teil schrieb ich es sogar auf), was ich tat, wenn es mir gut ging und wodurch ich meine gute Stimmung erhalten (oder gar noch intensivieren) konnte. Auf einem dieser Zettel stand u.a.: Jemanden einen Gefallen tun, etwas Zusätzliches tun, wozu man nicht verpflichtet ist.

In grauen Zeiten gelesen hatte der Satz zuerst für mich keinen Sinn und Inhalt. Er löste einfach nichts mehr bei mir aus. Aber ich hatte mir selbst so fest vorgenommen, die „Regeln aus guten Zeiten“ wenn nötig blind zu befolgen, daß ich es einfach tat, ich probierte einfach aus, was passiert, wenn ich –

auch gegen inneren Widerstand zunächst – bewußt und freiwillig jemand anderem ein Geschenk machte, besonders freundlich zu ihm war, ein gutes Trinkgeld mit einem strahlenden Lächeln gab, der Nachbarin die Kohlen aus dem Keller holte, die Blumen sorgfältig umpflanzte und versorgte. – Mein Stimmungsbarometer stieg!

Voraussetzung ist allerdings, daß man etwas ganz freiwillig und bewußt tut. Verstrickt man sich in immer noch mehr Pflichten, weil man nicht nein sagen kann (siehe nächstes Kapitel), weil man sich auffressen läßt und im Streß den Blick für Wesentliches und Unwesentliches verliert, dann hat das natürlich eher negative Effekte. Vielmehr muß man „das Geben" als eine Handlung ausführen, die einem selbst ein gutes Gefühl macht. Tut sie das nicht, dann ist irgendetwas nicht in Ordnung. Vielleicht haben wir uns übernommen, vielleicht schielen wir zu sehr nach dem Dank und sind enttäuscht, wenn er nicht so ausfällt, wie wir denken.

Das gleiche gilt übrigens für die Verliebtheit. Sind wir wirklich verliebt, dann rechnen wir nicht mehr kleinlich: Ich habe soviel gegeben, der andere soviel. Ertappt man sich bei solchen inneren Rechnungen, kann man sicher sein, zumindest im Moment nicht verliebt zu sein. Wer liebt, muß sich einfach verschenken, nur dann fühlt er sich glücklich. Wenn man diesen Sprung nicht wagt, zu verschenken, ohne zurückzubekommen, kann man sich wahrscheinlich nie wirklich verlieben ...

Nach der gleichen Regel macht es übrigens viel mehr Spaß, zu überlegen, wo man mehr Geld herbekommen kann, als zu überlegen, wo man überall sparen kann.

Mit positiven Menschen umgehen

Geben statt Nehmen heißt also keineswegs: Sich aufopfern und sich damit etwas antun. Das gilt vor allem im Umgang mit „negativen" Menschen, also Menschen, die mit nichts zufrieden sind, die immer etwas zu kritisieren haben, denen es ununterbrochen schlecht geht, ohne sich aber von anderen helfen zu lassen, die neidisch sind oder andere übervorteilen wollen. –

Solche Menschen zu erkennen und zu meiden ist noch ziemlich leicht. Schwieriger wird es, wenn wir uns in der Gesellschaft von jemandem nicht wohl fühlen, obgleich er alle die Eigenschaften scheinbar nicht hat, obgleich er nett ist zu uns, uns Komplimente macht, uns bewundert. Dennoch fühlen wir uns unbehaglich oder anschließend wie ausgelaugt. – Woran das liegt, habe ich selbst nicht immer herausfinden können. Inzwischen versuche ich es auch gar nicht mehr unbedingt. Ich verlasse mich da einfach auf mein Gefühl, das mir sagt: der Mensch tut mir gut, der nicht. Und ganz ohne Aggression wende ich mich ab – wende einfach meine Aufmerksamkeit jemandem anderen zu, der mir gut tut.

Doch dies leitet uns schon über zum nächsten Kapitel, in dem es um Themen wie Durchsetzung, selbständiges Handeln und Fühlen contra „Fremdbestimmung“ geht – ein sehr wichtiger Aspekt für den Aufbau positiver sozialer Beziehungen und guter eigener Gefühle.

Selbständigkeit contra Abhängigkeit

Die übermäßige Abhängigkeit von nur einer Person, von der Meinung der anderen, von überkommenen Vorstellungen und Traditionen ist ein Thema für alle Menschen, ganz besonders aber für jemanden, der zu Verstimmungen neigt. Erkennen Sie sich in den folgenden Aussagen wieder?

Checkliste

1. Es fällt mir schwer, jemandem etwas abzuschlagen.
2. Ich könnte mir nicht vorstellen, im Beruf eine leitende Stelle inne zu haben.
3. Auch wenn mich jemand unfair behandelt, sage ich meistens nichts.
4. Bei Meinungsverschiedenheiten denke ich gewöhnlich, der andere hat recht.
5. Wenn mir jemand beim Arbeiten zuschaut, fühle ich mich sehr gestört.
6. Ich frage lieber zweimal, bevor ich etwas falsch mache.
7. Es ist mir lieb, wenn ich wichtige Entscheidungen nicht allein treffen muß.
8. In Friede und Harmonie zu leben ist mir das Allerwichtigste.
9. Ich gehöre zu den Menschen, die ihre Meinung lieber für sich behalten.
10. Ich lasse mich öfters zu Dingen überreden, die ich gar nicht möchte.

11. In einer Diskussion lasse ich mir gewöhnlich nicht anmerken, daß ich über eine Sache nicht Bescheid weiß.
12. Ich kann sehr schlecht Kritik vertragen.
13. Es fällt mir schwer, verliehene Sachen zurückzufordern.
14. Man muß sich auf seinen Partner auch in kleinen Dingen hundertprozentig verlassen können.
15. Ich habe nicht viele eigene Wünsche.

Bei mehr als 5mal stimmt, können Sie in puncto Selbständigkeit und Durchsetzung einen kleinen Stoß nach vorne gebrauchen.

„Man sollte“ contra „ich möchte“

Wer selbständig handelt, nach eigenem Gutdünken vorgeht und dabei sich auch einmal über die Meinung der Gesellschaft oder des Partners hinwegsetzt, geht notgedrungen ein Risiko ein: Die Sache könnte ja schief gehen, und was dann? Andererseits sind Handlungen mit ungewissem Ausgang auch die spannenderen. Man fühlt sich dabei so richtig wach und lebendig, und, wenn man es dann geschafft hat, stark und stolz.

Dieser Experimentierfreude und Neugierde steht in der depressiven Verfassung etwas ganz Grundsätzliches entgegen: Die eigene Empfindsamkeit und Verletztlichkeit. Wir fürchten dann: Man würde über mich lachen, mich verurteilen, mich für dumm halten, für eine schlechte Hausfrau und Mutter, für kindisch. – Es ist geradeso, als ob die Welt mit 1000 Augen auf uns starrt und nichts anderes im Sinn hat, als unser Verhalten zu beobachten, zu bewerten, mit irgendwelchen Maßstäben zu vergleichen. Kein Wunder, daß wir dann am liebsten in den Boden versinken oder uns sonstwohin verkriechen möchten! Oft tut man dann gar nichts, dann kann man wenigstens nicht kritisiert werden. Oder man tut nur die Dinge, von denen man hundertprozentig sicher ist, daß sie auch von den anderen gebilligt werden. Da bleibt nicht mehr viel Spielraum für eigene Wünsche und Initiativen.

Dieses „man sollte“ und was „die Leute“ denken oder was

der andere erwartet, ist oft die Ursache dafür, daß wir selbst ganz vergessen, wer wir eigentlich sind und was wir möchten. Wer darüber nicht depressiv wird ...

Deshalb hilft nur eines: Wir müssen diese Sollte-Sätze durchleuchten. Was sollte meiner Meinung nach eine gute Hausfrau alles tun? Sollte sie wirklich das und dies und dies und das? Wie geht es einem damit? Wie denkt der eigene Mann darüber? Hat man ihn eigentlich schon gefragt? Wahrscheinlich nicht, denn man glaubt ja, seine Antwort schon zu wissen. Aber kennt man sie wirklich? Lohnt es nicht doch, ihm zu sagen, was einem so schwer daran fällt? Vielleicht ist er gerne bereit auf etwas zu verzichten, wenn es uns soviel hilft. Warum denken wir eigentlich, daß ihm das egal sein wird, daß er zu egoistisch ist? Irgendwann einmal, als wir ihn heirateten, waren wir doch vom Gegenteil überzeugt!

Übung: So können Sie überprüfen, ob Ihre Annahmen darüber, wie Sie sein sollten und was von Ihnen erwartet wird, stimmen: Sind Sie beispielsweise der Meinung, Ihr Mann und Ihre Kinder oder Ihr Chef erwarten von Ihnen ein aufopferndes Verhalten und würden Sie dafür lieben, so beobachten Sie doch mal eine Woche lang, was tatsächlich passiert. Immer, wenn Sie wieder einmal nachgeben, auf etwas zugunsten anderer verzichten, weil Sie denken, Sie „sollten", so registrieren Sie die Reaktionen der anderen. Was tun sie, was sagen sie, wie gehen sie mit Ihnen um? Eine Hausfrau, die dieses Experiment machte, veränderte daraufhin schlagartig ihre Philosophie von: Selig sind die Sanftmütigen! in: Wer nichts wagt, der nichts gewinnt.

Jedenfalls, wenn wir nichts Neues ausprobieren, weil wir scheinbar schon alles wissen, dann müssen wir nach irgendwelchen Vorstellungen und imaginären Regeln handeln, die vielleicht nur unsere eigenen sind. – Und der eigene Maßstab ist ja oft der strengste, wie wir gesehen haben.

Mutproben

Mut erfordert das allerdings schon ein bißchen. Aber nicht soviel, daß es nicht möglich wäre. Hier hilft wieder die „Politik der kleinen Schritte“. Wir können uns vornehmen, jeden Tag etwas Ungewohntes zu tun, was ein klein wenig Mut verlangt. Beispielsweise in ein Pelzgeschäft gehen, obwohl wir nichts kaufen wollen, die Hausarbeit weitermachen, wenn Besuch kommt, obwohl Sie die Vorstellung haben, „man müßte eigentlich“ ganz dem Gast zur Verfügung stehen etc.

Machen Sie sich auch hier bitte wieder eine Liste von zirka 30 Dingen. Aber bitte zu Beginn nicht gleich so große Vorhaben, wie „den 2. Bildungsweg machen“ oder „mich umschulen“. Solche Schritte sind auch zu vage. Wichtig ist, daß die Dinge auch wirklich konkret durchzuführen sind. Dazu sucht man kleine Dinge oder teilt größere Vorhaben solange in Einzelschritte auf, daß man sie sich zutrauen kann – mit ein bißchen Mut, versteht sich.

Dann ordnen Sie die Tätigkeiten nach Schwierigkeitsgrad. Die leichtesten stehen oben. Setzen Sie an die Spitze aber wirklich nur Sachen, von denen Sie ganz sicher sind, daß Sie sie auch schaffen werden, auch wenn es Ihnen zunächst lächerlich leicht vorkommt. Wenn Sie wirklich jeden Tag eines der Dinge tun, wird es schon bald schwer genug werden.

Wenn Sie das einen Monat lang durchgehalten haben, dann werden Sie stolz wie Oscar sein und jede Menge dazu gelernt haben.

Unelegante Lösungen oder: (Fast) Jedes Mittel ist recht

Wie wir gesehen haben, sind Menschen, die zu depressiven Stimmungen neigen, sehr genau bis pedantisch in ihrer Auffassung von Pflichterfüllung und sehr streng mit sich selbst (manchmal auch mit anderen). D.h. sie wollen, immer die *ganze* Wahrheit erfahren, eine Sache hundertprozentig richtig machen, (insgeheim?) die Schönste, der Tüchtigste, Liebenswerteste, Netteste, nachsichtigste Mensch sein. – Sich mit

„Halbheiten", Kompromissen, uneleganten Lösungen zufrieden zu geben, widerspricht ihnen im Innersten. – So tut man oft gar nichts – und lebt schließlich mit weniger als Kompromissen.

Bitte, untersuchen Sie sich einmal auf diese Beschreibung hin! Wahrscheinlich paßt doch irgendetwas daran, auch wenn Sie nach außen hin eher unordentlich sein sollten und eine betont lässige Haltung zur Schau tragen: Mir kann keiner! Was man Ihnen auf den ersten Blick wohl auch abnehmen mag.

Ich gehöre selbst zu diesem keep-smiling-Typ, der viele Leute kennt und leicht (Oberflächen-)Kontakte macht. Darunter mein enges, perfektionistisches Denken zu finden, hat meinem Selbstbild schon sehr widersprochen! – Aber mir fielen dann doch viele Beispiele ein: So hatte ich früher immer die Vorstellung, ich müßte mich auf *elegante* Weise von einem Mann trennen, wenn ich nicht mehr wollte. Da es mir aber sehr schwer fiel, jemanden etwas abzusagen, habe ich das einfach nicht fertiggebracht, bin immer wieder mit ihm ausgegangen, wurde natürlich immer muffiger und irgendwann – manchmal nach Monaten, habe ich oder er es dann nicht mehr ausgehalten, und die Sache endete doch sehr unschön.

Meine Bekanntschaften verliefen nach dem Muster, bis ich mir dachte: Besser, ich sage es auf unelegante Weise, trenne mich unbeholfen, als daß ich mir und dem anderen soviel Zeit nehme. Ich verschwand also einfach in Urlaub oder griff zum Telefon, anstatt ihn selbst zu treffen und sagte ihm, daß ich etwas „Abstand" brauche. Oder ich bat eine Freundin, mir diesen schweren Schritt abzunehmen – alles Lösungen, über die ich mich ungeheuer schämte, weil sie mir meine „Feigheit" zeigten. – Aber langsam, langsam wurden meine Mittel eleganter, weil ich doch Erfahrungen machte und meinen eigenen Weg suchte, anstatt mich von anderen bis ins Letzte bestimmen zu lassen. Schließlich konnte ich selbst zum Telefon greifen und eine Beziehung beenden; heute gelingt mir sogar, wenn auch immer noch unter Schwierigkeiten ein klärendes Gespräch – auch bei weiblichen Freunden und Bekanntschaften.

Unelegante Lösungen sind also erlaubt. Und wenn man sich

das selbst einmal gestattet hat, dann braucht man nur um sich zu sehen, um zu entdecken, daß andere Leute sowieso nach diesem Motto handeln – und sich dabei viel wohler fühlen!

Krücken sind sogar empfehlenswert, solange man nicht laufen kann – das ist besser, als sich gar nicht zu bewegen und den Rest des Körpers auch noch atrophieren zu lassen.

Negative Gedanken und Meinungen über andere, die Welt, die Zukunft

Wer mit sich selbst streng ist, ist oft auch streng mit seinen Mitmenschen. Da findet man bei allem und jedem „das Haar in der Suppe“, wodurch einem die ganze Sache dann verleidet ist. Aber leider bleibt man sehr hungrig zurück. Auch wenn man eher dazu neigt, den anderen zu überschätzen (weil man sich selbst unterschätzt), so liegt dahinter eigentlich keine wirklich positive menschliche Einstellung: Denn wehe, wenn dieser idealisierte Mensch dann doch einen Fehler macht, nicht in allem unseren Vorstellungen entspricht!

Checkliste

1. Die anderen sehen gar nicht, was ich alles für sie tue.
2. Wenn ich nicht geheiratet hätte / kein Kind hätte / einen anderen Beruf erlernt hätte … etc., wäre heute alles viel besser.
3. Ich ertappe mich manchmal bei dem Gedanken, daß die meisten Menschen doch recht häßlich / vulgär / oberflächlich etc. sind.
4. Wenn jemand einem Komplimente macht, ist er dabei meist auf seinen Vorteil bedacht.
5. Ich schaue sehr pessimistisch in die Zukunft.
6. Ich verbringe viel Zeit damit, mir über irgendetwas Sorgen zu machen.
7. Ich durchschaue einen Menschen recht schnell.

8. Die Männer/die Frauen haben alle nur „das Eine" im Sinn.
9. Es hängt von einer guten Beziehung ab, ob man sich glücklich fühlen kann.
10. Man sollte einem Bettler nichts geben, der vertrinkt das Geld ja sowieso nur.
11. Vertrauen ist gut, Kontrolle ist besser.
12. Mein Partner ist mir in vielen Bereichen unterlegen.
13. Wenn man jemanden den kleinen Finger gibt, will er gleich die ganze Hand.
14. Am besten macht man alles selbst, da weiß man wenigstens, daß es auch richtig gemacht ist.

Wenn Sie hier mehr als 5 Punkte haben, halten Sie nicht allzu viel von Ihrer Umwelt. Ihre vergangenen Erfahrungen scheinen Ihnen recht zu geben.

Wie recht ich doch hatte!

„Ich habe es ja gleich gewußt, dem kann man einfach nicht vertrauen", – oder: „Mir war klar, daß Du das nicht schaffen würdest", oder: „Die heutige Jugend hat einfach keine Werte mehr, die eigenen Kinder kehren sich gegen einen, wenn man nicht aufpaßt!" – Wer so redet und denkt, der wird recht behalten, denn wer seine Aufmerksamkeit ganz auf das Negative konzentriert, der findet sicher immer den einen Punkt, wo etwas *nicht* stimmt: Daß die Gelder bei einer Wohltätigkeitsorganisation nicht immer dahin kommen, wohin sie sollen, daß die hübsche Frau dort leider ihre Anziehungskraft durch einen unbeholfenen Gang einbüßt, daß der Soundso, obwohl er immer in die Kirche geht, doch Dreck am Stecken hat, und überhaupt: Wer einmal lügt, dem glaubt man nicht ...

Psychologische Untersuchungen haben ergeben: Wir bekommen was wir erwarten. Haben wir von jemanden die Vorstellung, daß er ein Langweiler ist – dem wird auch bald nichts mehr in unserer Gesellschaft einfallen; haben wir Kinder, in die wir eigentlich kein Vertrauen setzen, so werden die es bald aufgeben, uns vom Gegenteil überzeugen zu wollen.

Sogar experimentell läßt sich das nachweisen: Wenn der gleiche Gesprächspartner einmal in einer Gruppe oder bei einer Einzelperson als „anregend" eingeführt wird, diese also die Erwartung einer netten Gesellschaft hegten, wird das anschließende Gespräch schließlich auch als anregend, angenehm etc. eingestuft. Personen mit der gegenteiligen Erwartung schildern das Gespräch anschließend als eher langweilig und fad. Der springende Punkt dabei ist, daß dieselbe Person, ohne daß sie wußte, welche Erwartungen die eine und die andere Gruppe hatte, sich auch wirklich anders verhielt! Kam sie mit Menschen zusammen, die die (unausgesprochene!) Vorstellung „anregend" von ihm hatten, so war er tatsächlich anregender, sprach mehr und interessanter, als wenn er auf Menschen traf, die die (wiederum unausgesprochene) Vorerwartung hatten: „langweilig".

So formen wir uns unsere Realität selbst, und zwar in weit größerem Ausmaß, als uns das gemeinhin klar ist! Habe ich die Vorstellung: Mich liebt ja doch keiner, so werde ich bei jedem Menschen entdecken, wo er beispielsweise mir gegenüber unaufmerksam ist, etwas vergessen hat, was mir wichtig ist, mich einmal gleichgültig angeschaut hat etc. Das mag ja alles stimmen. Aber dann übersehen wir leicht, wenn er uns liebevoll angeschaut hat, sich bemüht hat, uns eine Freude zu machen. Warum hat er das wohl getan?

Übung: Statt Minus-Punkte zu sammeln (die vergessen wir sowieso nicht, da brauchen wir keine Angst zu haben) sammeln wir doch einmal Plus-Punkte:

Bei einer für uns wichtigen, aber problematischen Beziehung tun wir das am besten schriftlich und wenn wir wirklich mal Zeit haben, darüber nachzudenken.

Bei anderen Menschen, die uns weniger wichtig sind, genügt ein Plus-Punkte-Sammeln im Kopf. Besonders leicht gelingt die Übung, bei neuen Bekanntschaften: Hier haben wir noch keine so feste Meinung, hier ist uns der Blick durch das „Ich habe es ja schon immer gewußt ..." noch nicht verstellt.

Es kommt ja doch nichts Besseres nach!

Nach diesem Motto handelt man, wenn man mutlos und niedergeschlagen ist. So kann man froh sein, wenn der Partner, mit dem man gerade zusammen ist (oder mit dem man verheiratet ist), überhaupt bei einem bleibt, gleich, wie gut oder wie schlecht er einen behandelt. Sicher beklagt man sich innerlich oft bitterlich, verbringt vielleicht ganze Stunden am Tag mit Rachephantasien und inneren Vorwürfen – aber letztlich bleibt doch alles beim alten.

Das hängt einerseits mit unserem negativen Selbstbild – wir haben ja nichts besseres verdient – (siehe entsprechendes Kapitel) zusammen, andererseits aber auch mit dem Mangel an sozialer Initiative: Will man einen Partner haben, der zu einem paßt, den man selbst mag und der auch selbst lieben kann, dann kann man nicht zuhause sitzen und auf den Märchenprinzen warten, der vorbeikommt, klingelt und sagt, er habe uns schon immer gesucht.

Da müssen wir uns schon überwinden, uns selbst auf die Suche machen, den eigenen Partner und uns selbst in Frage stellen. Bleiben wir aus Bequemlichkeit? Haben wir je gehofft, jemanden zu finden, der uns wirklich mag? Verhalten wir uns auch so, daß man uns mögen kann, oder sind wir die meiste Zeit kritisch und unzufrieden?

Mir selbst hat das Wort von E. Fromm: „Echte Liebe erweckt immer Gegenliebe“ sehr geholfen. Je mehr ich lernte, den anderen gut zu behandeln, ihn keinen „Liebestests“ zu unterwerfen, nicht an ihm herumzunörgeln, aber auch nicht „unter meinen Wert“ ging (meinen Partner also auch achten konnte), desto mehr stieß ich auf Gegenliebe! Und es kam „immer Besseres nach“.

Viele Menschen wollen *trotzdem* geliebt werden, obwohl sie es den anderen schwermachen, nicht *weil* sie sich als liebenswert erleben und sich auch so geben. Irgendwie haben sie die Vorstellung, der andere könne durch sie hindurch sehen und wissen, daß sie dahinter, also „in Wirklichkeit“ ganz anders sind: weich, anlehnungsbedürftig und guten Willens. Irgendwie stimmt das sogar: „Dahinter“ sind wir alle so, (Wer ist schon von Natur aus und mit vollem Bewußtsein bösartig, hart und kalt?) aber gelingt es uns, den anderen *trotzdem* zu lieben? Warum verlangen wir es dann von ihm?

Übung: Versuchen Sie doch mal einen ganzen Tag lang, die Liebenswürdigkeit in Person zu sein: Sie sind besonders freundlich, lächeln die anderen an, tun mehr oder gerne, als was von Ihnen verlangt ist. Die unhöflichen, herabsetzenden Bemerkungen anderer überhören Sie einfach, Sie tun so, als sei nichts vorgefallen, und fahren fort mit Ihrer eigenen ausgesuchten Höflichkeit. Sie werden merken: Dem anderen geht bald die „Luft aus" – vielleicht reizt ihn das vorübergehend, er ist verunsichert, weiß nicht, wie er reagieren soll, und versucht, Sie und die Dinge weiter im Griff zu haben, indem er noch unfreundlicher ist. Aber wenn er damit gar nicht landen kann – dann wird er es irgendwann einmal aufgeben ...

Und noch eines merken Sie bei dieser Übung: Sie sehen im anderen plötzlich wirklich das „Dahinter", Sie sehen die Hilflosigkeit und Verwundbarkeit, die der andere durch sein garstiges Verhalten zu verdecken sucht. Sie sehen, wie unglücklich jemand sein muß, der andere Menschen schlecht behandelt. Und vielleicht gelingt es Ihnen dann sogar, ihn trotzdem zu lieben.

Die anderen sollen mich glücklich machen

Wie oft denke ich: Der andere ist schuld, daß ich nicht glücklich bin. Würde er mich nur besser behandeln, mich nicht verlassen, mir mehr Aufmerksamkeit widmen, dann würde alles anders ... Auch wenn man zum Therapeuten geht, hat man irgendwie die Vorstellung: Der soll das machen, daß es uns wieder gut geht, der weiß das Zauberwort. – Wie enttäuscht sind wir dann, wenn der andere das nicht bringt! Und der nächste Partner vielleicht auch nicht!

Wir begeben uns in eine sehr verletzbare Position, gehen von Enttäuschung zu Enttäuschung, wenn wir unser Glück von den Taten, Urteilen und Bewertungen anderer abhängig machen. Und die negativen Gedanken über andere sind gewöhnlich nichts anderes als unsere Wut oder Kränkung darüber, daß der andere uns nicht genügend akzeptiert, uns nicht gibt, was wir brauchen – oder sich nicht nach unseren strengen Maßstäben darüber richtet, was man alles tun sollte.

Vergessen wir doch einmal die andern, unsere Sorgen über sie, unsere Wünsche an sie, unsere inneren Vorwürfe. Konzentrieren wir uns einfach mal ganz auf uns. Folgende Übung kann man am Anfang nur höchstens fünf Minuten lang machen, weil spätestens dann wieder ablenkende andere Gedanken kommen: Formulieren Sie, was Sie um sich herum sehen, was Sie denken und fühlen, indem Sie Sätze formen, die alle mit Ich anfangen und ebenfalls ein Wort der Gegenwart enthalten. Also *Ich* sitze *jetzt* am Schreibtisch und schreibe Maschine. *In diesem Moment* schaue *ich* aus dem Fenster und sehe den strahlenden Sonnenschein. *Jetzt* spüre *ich* auch die Wärme auf meinem Körper. *Ich* fühle *jetzt,* wie ich meine Schultern etwas lockere. *Ich* spüre einen leichten ziehenden Schmerz, *während* ich meine linke Schulter bewege etc.

Diese Übung kann uns vielerlei zeigen. Sie kann uns zeigen, wie schwer es uns fällt, „bei uns zu bleiben“, uns selbst zu fühlen, in der Gegenwart zu sein. Gleich sind wir wieder bei dem, was wir morgen tun sollten, bei negativen Gedanken, daß wir eigentlich keine Zeit für solche Übungen haben, daß sie nichts bringen, daß die anderen uns auslachen würden, wenn sie das wüßten etc. – Uns selbst kontinuierlich als Zentrum der Welt, unserer Empfindungen und Wahrnehmungen ganz konkret zu spüren, ist gar nicht so leicht. Mit einer Ausnahme: Wenn wir glücklich sind. Dann fühlen wir uns innerlich lebendig mit einem starken Ich. Unser Körper ist ganz da, und wir spüren ihn intensiver: entweder als fest auf dem Boden ruhend oder aber auch als leichter, schwebender als sonst. Immer aber haben wir ein geschärftes Bewußtsein unseres Selbst als dem Zentrum, von dem die Empfindungen ausgehen.

Die Ich-und-Jetzt-Übung wird Sie sicher nicht gleich glücklich machen. Aber sie ist ein interessantes Experiment, bei dem sich überraschende Dinge tun können.

Einige „technische“ Hilfsmittel

Merk- und Erinnerungszettel

So unglaublich simpel es klingt: Erinnerungszettel tun mir immer wieder mal hervorragende Dienste. Was ich erreichen möchte oder mir Auftrieb gibt, schreibe ich einfach auf einen oder mehrere Zettel und stelle sie gut sichtbar im Zimmer auf. Das können einzelne Worte oder kurze Merksätze sein. Zum Beispiel: Einfach immer weiter machen / Ich lebe bewußt / Ich schaffe es / Eines nach dem anderen / oder nur: Mut / Entschlossenheit / Vertrauen / Initiative / Ausdauer / Liebe / Schönheit / Disziplin / Begeisterung / Dankbarkeit / Einfachheit / Energie / Erneuerung / Wille / Selbständigkeit / Ordnung / Macht / Loslassen / Befreiung etc. (nach R. Assagioli, Die Schulung des Willens, Paderborn 1982, S. 74).

Ich suche mir aus dieser Liste je nachdem, was ich gerade brauchen kann und was für mich ein Thema ist, ein Wort heraus. Das erinnert mich immer wieder daran, was ich erreichen möchte: z. B. mal habe ich das Thema Mut. Wunderbarerweise gelingt es mir mit Hilfe dieses immer wieder erinnerten Wortes einige Telefongespräche zu führen, vor denen ich mich immer gedrückt habe, jemanden zu sehen, dem ich aus dem Weg gegangen bin, etc. Beim Wort Initiative schmeiße ich mich öfters mal in die Joggingklamotten, versuche neue Aufträge anzuleiern, unerledigte Besorgungen zu machen. Das Wort Vertrauen hat mir in einer auf meiner Seite eifersüchtigen Beziehung viel geholfen. Wie das funktioniert, weiß ich selbst nicht so genau, will es auch gar nicht wissen. Aber auf schier wunderbare Weise ist dieses einfache Mittel sehr wirkungsvoll.

Nach einer Weile nutzt sich das Wort ab, ode
Thema wird bedeutungsvoller. Dann sucht
ein neues „Kraftwort“. Für diejenigen, die gu
thode arbeiten können, hier die vollständige L
Wörter nach Assagioli: Aufmerksamkeit / Ausd
ung / Begeisterung / Beharrlichkeit / Beständ Be-
stimmtheit / Bewunderung / Brüderlichkeit / Dankbarkeit / Dienen / Disziplin / Einfachheit / Energie / Einschließlichkeit / Entschlossenheit / Erneuerung / Ewigkeit / Freigebigkeit / Freiheit / Freude / Freundschaft / Friede / Ganzheit / Geduld / Gelassenheit / Guter Wille / Güte / Harmonie / Humor / Initiative / Integration / Kraft / Licht / Liebe / Loslassen / Macht / Mitgefühl / Mut / Objektivität / Ordnung / Pünktlichkeit / Ruhe / Schönheit / Schöpferische Tätigkeit / Selbständigkeit / Schweigen / Stille / Synthese / Unendlichkeit / Unerschütterlichkeit / Universalität / Urteilskraft / Verständnis / Vertrauen / Vitalität / Wagemut / Wahrheit / Weisheit / Wille / Wirklichkeit / Würdigung / Zusammenarbeit.

Bei der Formulierung eigener Leitsätze ist auf folgendes zu achten: Sie sollen

- kurz und plakativ sein,
- positiv formuliert sein (also z. B.: Ich setze mich durch – und nicht: ich habe keine Angst),
- keine negativen Einstellungen fixieren. Hier ist eine Kombination mit dem Wort gleichgültig günstig; z. B. Schmerz gleichgültig, Erröten gleichgültig, etc.

Der Krisenzettel und der „Weisheitszettel“

Da wir in der Depression immer wieder vergessen, welche Dinge uns gut tun, sollten wir sie uns in guten Zeiten aufschreiben (siehe auch Liste mit angenehmen Tätigkeiten). Dinge, die allgemein stimmungsaufhellend wirken, sind beispielsweise:

- rhythmische Musik,
- Barockmusik,
- Flötenmusik (hier insbesondere die Panflöte),

– warme Farben im Zimmer, den Gardinen, Teppichen, Wänden, Möbeln,
– Sonne, die ins Zimmer scheint,
– Schwimmen, Laufen, Tanzen und jede Art von Anstrengung, besonders aber rhythmisch zur Musik,
– selbst eine aufrechte Haltung einnehmen, etc.

Darüber hinaus hat aber jeder noch seine ganz persönlichen „Stimmungsmacher", z. B. eine bestimmte Schallplatte, die man im Urlaub gekauft hat, ein Telefonat mit der Freundin, eine Stelle im Park, ein Cafe, unser Lieblingskleid, einen kostbaren Geruch.

Ich selbst habe mir darüber hinaus einen Zettel mit „Lebensweisheiten" angelegt, wenn ich in Zeiten intensiven Erlebens plötzlich das Gefühl hatte, etwas wirklich verstanden zu haben. Darauf stehen Sätze wie:

– Der „Nase nach zu gehen" tut mir gut!
– Einfach immer weitermachen, in Bewegung bleiben.
– Lieber aus der fahrenden Hochzeitskutsche springen als denken, es wird schon gehen, auch wenn das schrecklich „unvornehm" ist.
– Das Ausdrücken negativer Gefühle ist schädlich.
– Höchstens einen Verpflichtungsbesuch pro Woche! (strikt einzuhalten und Buch zu führen) – hat geholfen!
– etc.

Ab und zu fällt mir der Zettel in die Hand und gibt mir einen neuen Anstoß.

Vielleicht erstellen Sie sich auch ihren persönlichen „Weisheitszettel", den Sie ab und zu rauskramen, wenn Ihnen danach ist. Vielleicht haben Sie auch ein paar Aussagen in diesem Buch inspiriert, haben Sie einen neuen Vorsatz gefaßt, den Sie verstärken möchten, indem Sie sich immer mal wieder an ihn erinnern? Interessant ist es auf jeden Fall, seine eigene innere Entwicklung so in ganz großen Zügen festzuhalten.

II.
Betrachtungen und Bilder

Von Irma Bingel

Vorbemerkung

Wie ein Ratgeberbuch helfen kann

Manche gehen durch Jahre, in denen das Leben nur mit halber Kraft gelebt wird. Manchmal äußert sich diese Erkenntnis als tiefsitzendes Leid, das immer wieder zugedeckt wird, das dennoch gelegentlich bohrend und krisenhaft an die Oberfläche kommt. Manche empfinden auch nur ein vages Gefühl von Leere, daß einiges nicht so ist, wie es sein könnte.

Wie kann nun ein Buch in solchen Situationen helfen? Ein Buch kann und will nicht in Konkurrenz zum Gespräch treten. VomBuch kann ich nur bedingt das bekommen, was ich mir oft vom Gespräch erwarte und auch hier nicht immer erhalte: die Antwort auf mein persönliches Problem. Etwas, das ganz auf mich zielt und nicht auf viele andere auch noch. Ich kann fragen, und es wird mir erläutert, wenn ich etwas nicht verstanden habe. Zuweilen bekomme ich gute Antworten, die ich trotz Erklärungen nicht verstehen kann ... Das haben Buch und Gespräch manchmal gemeinsam.

Das Gespräch mit dem Buch ist oft weniger als das Gespräch mit einem Menschen, und es ist in vielfältiger Weise auch mehr. Gerade dann, wenn ich am tiefsten unten bin, brauche ich am meisten das Gespräch. Doch vielleicht habe ich in dieser Situation niemanden, oder ich denke, ich darf jetzt keinen Menschen anrufen. Das kann ich niemandem zumuten. Vielleicht ist es auch mitten in der Nacht, wenn Sie diese Gedanken haben. Und vielleicht brauchen Sie nicht ein Gespräch, sondern eine Reihe von Gesprächen. Manchmal brauchen wir Gespräche wie eine Perlenkette, wie etwas, was man immer und immer wieder anfassen kann und muß, um es begreifen zu können. Das Befassen mit einer Sache – ob am Tag oder in der Nacht – kann mit einem Buch in einer ganz besonderen Weise verlaufen. Jetzt habe ich hier vor mir das Buch, das geschriebene Wort: ich kann etwas buchstäblich nehmen. Ich weiß vielleicht gerade nicht ein noch aus und schlage sie darum wieder auf: die Stelle mit den Anweisungen für eine solche Situation. Ich versuche Schritt für Schritt zu machen, was mir beim Lesen einleuchtete. Ich merke, daß es mir langsam mit der Konzentration auf den Text wieder etwas besser geht.

Ein Buch, eine Stelle in einem Buch hat mir gut getan, ich lege darum das Buch griffbereit in die Nähe des Bettes und nehme es auch auf Reisen mit. Ich lese immer wieder darin: manchmal bin ich enttäuscht, weil ich die besonderen Stellen schon auswendig kenne und die Worte etwas von ihrer Kraft verloren zu haben scheinen, und manchmal bin ich tief berührt, weil ich wieder etwas Neues entdecke und die Worte mir wieder einmal weiterhelfen. Einem Menschen gegenüber wäre ich vielleicht schon längst beschämt: mag er sich denn genau das jetzt schon wieder anhören? Ich wäre vielleicht auch sehr auf ihn angewiesen. Daß er möglichst gerade in der Stunde da ist, in der ich ihn brauche.

Die Geduld des Buches ist also meine Geduld, die ich zuvor auf das Buch verwendete. Die Verfügbarkeit des Buches ist also meine Verfügbarkeit, wie ich mich auf das Buch einlasse, wie ich vielleicht sogar ohne den Glauben, es könnte mir helfen, es könnte mir geholfen werden – die mir nicht immer verständlichen, aber dennoch richtig scheinenden Sätze wieder und wieder lese. Die Antworten des Buches sind also meine Antworten auf die Feststellung: es muß sich etwas ändern, so soll es nicht weitergehen!

Wenn ich mich an das Buch erinnere, das mir am meisten in meinem Leben geholfen hat, so sehe ich mich mit diesem Buch „ringen“. Der Trost und die Ruhe, die es mir gibt, sind immer schnell wieder verflogen. Ich schreibe gar im Kampf gegen die Flüchtigkeit die mir wichtig erscheinenden Sätze ab und führe sie häufig mit mir. Lese nur noch dieses Wichtigste, denn das eigentliche Buch sieht längst wie ein Schlachtfeld aus mit Randbemerkungen, Unterstreichungen in Rot und Schwarz. Was Rot ist, wird bald Schwarz und umgekehrt. Wenn ich zurückdenke, so war dieses Buch nur ein Anfang und der Weg bis heute ziemlich weit. Damals wollte ich jedoch alles haben, und alles möglichst heute haben. Ist dies nicht auch unser Recht, daß es uns möglichst bald gut gehen soll?

Waren es verlorene Jahre, in denen es in kleinen Schritten voranging, in denen es vieler weiterer Bücher bedurfte, in denen der Prozeß vielleicht sogar wellenförmig und mit Rückschlägen verlief? Wenn es uns schlecht geht, sind wir geneigt, unser Leben nur so zu betrachten.

In einer Zeit, in der mir das Wort Gott recht wenig sagte, las ich einmal: Jemand beschloß, sich über sein angeschlagenes Selbstbewußtsein keine Sorgen mehr zu machen, sondern mit Gottes Hilfe auf eine Änderung zu warten. Der Satz hat es mir angetan, obwohl ich wenig damit anfangen konnte. Ich war anscheinend sowieso ein recht hoffnungsloser Fall: es hat mich nicht wenig deprimiert, daß alles, was helfen sollte, bei mir nicht recht verfing, so daß eine Heilung viel Zeit in Anspruch nahm. Immerhin las ich auf diese Weise noch recht viel. Und es wäre schade gewesen, wenn es damals gleich beim Rot-Schwarzen-Buch geblieben wäre, wie ich es mir so sehr wünschte.

Zur Geduld des Buches, zur Verfügbarkeit und zu den Antworten des Buches müssen also noch die Demut und die Heiterkeit hinzukommen.

Mit dem Wort Demut können wir im allgemeinen nicht viel anfangen. Was soll das? Manchmal werden wir auch ärgerlich: wir wollen Heilung und nicht 20 Philosophien vorgesetzt bekommen. Wenn wir gläubig wären und in der Demut – wie überhaupt in unserem Zustand – einen Sinn sehen könnten, so wäre ja alles klar, und wir brauchten uns nicht weiter damit zu beschäftigen. Und doch: wenn wir den der Demut entgegengesetzten Zustand des Hochgemutetseins so wenig spüren, so leben wir einseitig und haben Sehnsucht danach, mehr Ganzheit zu erfahren. Vielleicht haben wir nicht nur Sehnsucht, sondern fordern eine Änderung geradezu: ich habe das doch nicht verdient! Warum passiert mir das, daß es mir so schlecht geht? Wenn wir so denken, sind wir einseitig aktiv mit Ablehnung und Groll beschäftigt und lassen Passivität, Kontemplation zu wenig in uns zu. Wenn wir nicht mehr hadern und die Depression ein Bestandteil unseres Lebens geworden ist, den wir fast nicht mehr wegdenken können, so sehr bestimmt er den tagtäglichen Ablauf unseres Lebens, dann müssen wir uns wieder um diesen hohen Mut und die Zuversicht bemühen.

Demut heißt also: wieder fragen lernen: welchen Sinn könnte die Depression für mich haben? Was soll ich daraus für mich lernen?

Vielleicht werden wir zunächst auf diese Fragen keine Antwort wissen, weil wir oft erst allmählich lernen, unsere Schwierigkeiten mit anderen Augen zu betrachten, in uns hineinzuhorchen, ob dies vielleicht ein Hinweis ist, still, tief, wesentlich zu werden?

Diese Ungewißheit ist jedoch gleichzeitig eine Gewißheit wie Demut zugleich Hochgemutetheit ist. Weil wir so oft Sätze gewöhnt sind, die nur eine Dimension zulassen und nicht gleichzeitig die Vielfalt und Gegenprinzipien erfassen, müssen wir uns damit vertraut machen. Der Satz, daß wir leiden – vielleicht sogar erst die Hölle durchleben müssen, um ins Paradies zu kommen, ist einer dieser unbrauchbaren Sätze, weil er uns im einseitigen Denken festhält und uns die Welt immer noch als Scheibe erscheinen lassen will.

Demut ist also vielleicht sogar die höchste Form des Mutes: dort mutig sein, wo nichts kalkulierbar ist, wo in mehreren Richtungen Entwicklungen möglich sind. Doch wo nehmen wir den Mut für solche Art von Mut her? Durch geistige Übungen, indem wir mehr Beziehung zur Natur entwickeln, durch das Hören von Musik, durch die Begegnung mit etwas, was über uns hinausweist, durch Heiterkeit.

Wie steht es mit unserer Heiterkeit, mit dem Lachen, auch wenn wir allein sind und vielleicht eine Katze beobachten, die ihren Schwanz zu fangen versucht, ein lustiges Kind mit einem Blumenstrauß am Straßenrand stehen sehen, auf dem Nachhauseweg die verlorengegangenen kleinen Dinge des Lebens betrachten und heitere Geschichten dazu erfinden: wem mag dieser Knopf einmal gehört haben, was mag dieser zusammengeknüllte kleine Papierball bedeuten? Wenn es uns an dieser Heiterkeit fehlt, dann sollten wir uns mit heiteren Büchern und Menschen umgeben.

Mit dem Text auf Du und Du?

Wir meinen oft und haben schließlich ein jahrelanges gezieltes Schultraining hinter uns, je kritischer und distanzierter wir als Leser einem Text gegenüberstehen, desto besser ist unser Verhältnis zum Gelesenen. Z. T. können wir schon gar nicht mehr anders, als mildtätig zu den vorgeschlagenen Ideen zu lächeln. Wir drehen uns dabei jedoch leicht im Kreis: unser kritischer Intellekt ist eine Errungenschaft, auf die wir stolz sein können, aber sie muß auch dazu führen, daß wir innerlich weiterkommen und sie nicht als Waffe gegen uns selbst benutzen. Im Fall des kritischen Intellekts ist der Übergang zwischen Errungenschaft und einer gegen uns selbst gerichteten Waffe fließend, d. h. wir merken es im allgemeinen nicht einmal, auf welchem Punkt dieser Linie wir uns gerade befinden.

Jedes Ratgeberbuch, ob gut oder schlecht, kann letztlich nur so gut sein, wie wir es ihm erlauben.

Mit traumwandlerischer Sicherheit gelingt es manchem von uns, genau die Erfahrungen zu machen, die er haben möchte. Daraus schließen wir: es hat sich nicht gelohnt, für mich taugt das nicht. Verräterisch ist: im Stillen könnten wir noch hinzufügen, ich habe es ja gewußt; das habe ich mir gleich gedacht.

Im übrigen Alltag sind uns Umstellungen ganz selbstverständlich. Vor Antritt einer Abenteuerreise, falls wir uns entschieden haben, daß uns ein wenig Abkehr vom Alltagstrott nicht schaden könnte, machen wir Abstriche an unseren Wünschen nach Hygiene, Sicherheit, Vorausplanung usw., andernfalls würden wir das Geld unnütz ausgeben. Für seelische Bereiche und Veränderungen wenden wir solche Einsichten ungern an: Veränderungen ja, aber möglichst ohne Abstriche an unserem geistigen Inventar. Die Falle, die wir uns bauen, ist also doppelt gesichert: wir lieben die Brille, durch die wir schauen, und haben uns gleichzeitig so an die Brille gewöhnt, daß wir sie nicht mehr bemerken.

Und wenn wir sie bemerken – das ist dann der nächste Schritt intellektueller Akrobatik – finden wir subtile Gründe, weshalb wir in der Lage seien, mit und ohne Brille reflektiert das Leben zu betrachten ...

Für und Wider können sich also im Annäherungs- und Ablenkungswert vom Mittelpunkt der Sache mit Leichtigkeit aufheben und lahmlegen. Und da das Ganze recht vergnüglich sein kann, wäre es nicht weiter schade, wenn wir nicht gerade ein wichtiges Lebensanliegen ver-handeln würden.

Was ist also zu tun?

Vor dem Lesen sollte also nicht die Reflexion stehen – darin sind wir meist bereits gut genug – sondern der Entschluß, diesmal wird es nicht wieder beim unverbindlichen Lesen – vielleicht macht mich ja irgendetwas an – bleiben.

Änderung nach Fahrplan?

Es geht nicht darum, entweder mit oder ohne Fahrplan zu leben, sich ändern zu wollen, denn für unsere innere Ausgeglichenheit und unser inneres Wachstum brauchen wir beides – und beides zur gleichen Zeit. Wer nur nach Fahr- und Straßenplänen, nach Systemen vorgeht, der wundert sich vielleicht darüber, wie nichtssagend, bedeutungslos und öde das Leben sein kann, und lastet dies dann vielleicht dem „Leben" an anstatt seiner Strategie. Krisensituationen werden dann oft als Katastrophe erlebt anstatt als Herausforderung der Kräfte, die in einem stecken, als Anstoß: was habe ich daraus zu lernen? – warum passiert mir das?

Wer sich die Richtung eingeprägt hat und dann ohne Stadtplan durch eine ihm fremde Gegend geht, der nimmt vielleicht wirklich nicht den kürzesten Weg, aber er vermag, wenn er Vergnügen an seinem Spürsinn entwickelt hat, unterwegs soviel Neues und Interessantes zu entdecken – da hat sich jemand einen „Regenbogen" ins Fenster gehängt, dort ist wieder so ein schöner italienischer Blumentopf zu sehen, in der Gegend gibt es sogar Rotkehlchen usw. –, daß er seine Schwierigkeiten später mit viel mehr Gelassenheit und Freude an den Veränderungen angehen kann. Und es ist ja auch so, daß unsere Intuition und unser Unterbewußtsein mit seiner Fähigkeit zur Selbstheilung während eines solchen Umweges nicht schlafen, sondern an unserer Heilung arbeiten, wenn wir dies zulassen.

Wir wissen es oft gar nicht mehr, wie sehr wir vom psychoanalytischen Denken beeinflußt sind, und meinen daher, eine Veränderung sei nur möglich, wenn wir alle die verborgenen Dinge in uns ausgraben und erneut durchleben, um danach gegen unsere Ängste und Schwierigkeiten angehen zu können. Dennoch gibt es keine Garantie dafür, daß dieser Weg wirklich zur Heilung führt.

Untersuchungen von Patienten in verschiedenen Lebenssituationen (statistisch gesehen geht es Patienten, die für eine therapeutische Behandlung vorgemerkt sind, oft genauso gut wie denjenigen, die in Behandlung sind; oder oft kann nur ein Drittel der Patienten nach erfolgter Therapie von einer Besserung sprechen, ein Drittel spürt eine Verschlimmerung, der Rest fühlt sich wie zuvor) legen es vielmehr nahe, daß sowohl die Bereitschaft da sein muß, sich intensiv mit seinen Schwierigkeiten auseinanderzusetzen, wie auch die Bereitschaft, im gegenwärtigen Alltag diese und jene eigene Anstrengung zur Änderung zu unternehmen. Wenn wir jedoch zu sehr mit unserer Vergangenheit beschäftigt sind, verwenden wir vielleicht zu wenig Sorgfalt auf unsere gegenwärtigen Situationen. So wie wir heute leben und mit den kleinen Dingen des Alltags umgehen, programmieren wir heute, was uns morgen, in der Zukunft dann wieder beeinflußt. Wer so sehr an die frühere Beeinflussung glaubt, der sollte diesen Satz also auch auf die Gegenwart beziehen, so daß es dann wirklich nicht mehr gleichgültig sein kann, wie mein Zuhause aussieht, mein Arbeitsplatz, was ich täglich unternehme, welche Gedanken ich habe usw.

Anstelle der Methode der freien Assoziation zu früheren Lebensereignissen oder anstelle der ausschließlichen Verwendung von Anleitungen, wie Schritt für Schritt stufenweise vorzugehen ist, möchten wir für lebendigere Vorgehensweisen und für ein lebendigeres Menschenbild eintreten. Verbirgt sich nicht hinter beiden Ansätzen ein sehr kleines Bild vom Menschen und seinem Leiden? Danach müssen wir uns eigentlich für unser Problem schämen – lebenstüchtigere Menschen und zumindest solche mit lebenstüchtigeren Eltern haben ja erst gar nicht psychische Probleme – und der Leidensdruck, den wir haben, wird oft durch solche Schamgefühle verstärkt. Als bester Weg aus diesem Dilemma erscheint es dann, so schnell wie möglich eine wirksame Therapie anzufangen mit der Hoffnung auf Veränderung.

Ist das Leben aber wirklich so einfach, daß wir aus Versehen auf einer Straße mit schlechter Fahrbahn gelandet sind und daher jetzt möglichst schnell nach einer besseren Straße Ausschau halten müssen? Es sollte uns zu denken geben, ob dies nicht auch eine Bedeutung und einen Sinn für uns haben könnte. Daß unsere Schwierigkeit eine Lebensaufgabe von uns ist wie vielleicht für andere Menschen eine angeborene Beeinträchtigung.

Je endgültiger und irreversibler ein Leiden ist, desto eher hört unser Schachern mit der Zukunft auf (wenn ich das und das habe, geht es mir besser) oder unser Verhandeln mit Gott und den Mitmenschen (wenn Du mir diesmal noch hilfst, dann) und wir sind vor die grundsätzliche Entscheidung gestellt, ein Ja oder Nein zu unserem Leben, zu unseren Möglichkeiten zu sagen, Ausschau nach dem zu halten, was uns noch bleibt, und daraus das Beste zu machen.

Das Buch möchte daher zu beidem verhelfen: es möchte Mut machen, eine solche Bilanz vor und trotz jeglicher Therapie zu ziehen und ein grundsätzliches Ja zu sprechen zu unseren Schwierigkeiten, und es möchte zusätzlich Schritte aufzeigen, wie wir systematisch und aktiv an unserer Veränderung arbeiten können.

Zur Verdeutlichung ein Beispiel: Frau X., 40 Jahre, geschieden, keine Kinder, litt sehr darunter, daß sie anscheinend keinen neuen Lebenspartner finden konnte. Wochenenden, Feiertage und auch die Urlaubszeit wurden manchmal zum Alptraum. Wenn sie beim Spaziergang oder im Theater auf all die glücklichen Ehepaare traf, fühlte sie sich noch schlechter und haderte mit ihrem Schicksal: warum kann ich nicht so glücklich sein wie die anderen? Eine Reihe von heftigen Bemühungen wie Mitgliedschaft bei einer Ehevermittlung usw. hatte zu keinem Ergebnis geführt. Bei ihr entwickelten sich folgende Stufen von Einsichten. Wenn es so ist, daß ich im Moment niemand finden kann, und je heftiger und verkrampfter ich mich bemühe, desto leichter gerate ich in Panik und desto weniger scheint es zu gelingen, so möchte ich mich dafür entscheiden, weiterhin offen zu sein für eine Begegnung, die Zeit bis dahin jedoch besser als bisher zu nutzen. Anstatt verbittert zu sein und Qualen zu erleben, kann ich mir überlegen, welche Dinge ich auch allein unternehmen und auch dann machen kann, wenn es mir nicht so gut geht. Wenn es vielleicht sogar einen Sinn für mich hat, daß ich jetzt allein lebe, was soll ich lernen? Welche Bereiche in mir sind vielleicht noch nicht sehr weit entwickelt? Es gelang ihr mit dieser Einstellung immerhin, so etwas wie Neugier auf die in ihr schlummernden Fähigkeiten zu entwickeln und diese zu aktivieren. Der Mühe und dem manchmal recht schmerzhaften Prozeß der inneren Weiterentwicklung möchten wir uns eigentlich gern entziehen, weil uns der Preis zu hoch erscheint, der aber sicherlich nicht höher sein kann als bisherige quälende Lebensumstände.

Änderung mit oder ohne Fahrplan heißt also, dem einen wie dem anderen in sich Raum geben zu können. Jeder weiß vermutlich von sich am besten, welche der beiden Seiten bei ihm mehr der Entwicklung bedarf. Es ist dabei kein Widerspruch, wenn wir ein regelmäßiges Übungsprogramm haben, unabhängig davon, welchem Standpunkt es gewidmet ist. Wir lassen uns oft durch eine einseitige Betrachtungsweise abschrekken: wenn uns jemand auffordert, sei doch spontan, dann denken wir oft, jetzt geht es schon gar nicht! Wir sehen dann nur den Zwang und nicht, was doch auch da ist: das Angebot, Zeit und Gelegenheit.

Vom Umsetzen der Ziele

Entschlüsse sind bekanntlich gut, besser ist es, wenn man weiß, wie man seine Entschlüsse umsetzen kann. Sonst bleibt es bei der Änderungs-Romantik und dem jährlichen/täglichen Entschluß-Ritual: das nächste Jahr wird es ganz bestimmt besser, ab morgen wird das anders. Um uns selbst gegenüber ehrlich zu sein, fassen wir darum manchmal erst gar keine Entschlüsse mehr.

Zwei Dinge stehen uns beim Umsetzen unserer Ziele im Weg. Eines davon ist unser Lieblingsargument: ich kann das eben nicht, das ist letztlich doch zu schwer für mich. Dieses Argument ist nicht sehr stichhaltig. Würde uns jemand mit der Pistole zwingen, würden wir uns vermutlich sehr wohl ändern. Wenn wir ehrlich sind, müssen wir dies auch zugeben. Der Umstand jedoch, daß uns niemand zwingt, ist zwar bedauerlich, aber findige Leute können sich durchaus solche Zwänge verschaffen. Sie erzählen z. B. anderen von Ihrem Vorhaben, so daß es ihnen peinlich wäre, nach einer Weile einzugestehen: ich habe es doch nicht geschafft. Sie übergeben einen größeren Geldbetrag zur Unterstützung einer gehaßten Partei für den Fall, daß keine Änderung eingetreten ist. Ein Absicherungssystem, daß ein solcher Scheck schließlich auch den Empfänger erreicht, müßte natürlich noch dazu erdacht werden. Vorschläge dieser Art, mit List und Tücke doch noch Veränderungen zu erreichen, haben natürlich ihrerseits einige Fallen. Man sollte sie vor der Anwendung beachten, damit man sich nicht über den ausbleibenden Erfolg wundert. Im Grunde genommen unterstützen sie die Theorie des *Es-ist-zu-schwer-für-mich*. Denn wenn es nicht zu schwer wäre, würde ich ja nicht solche Seitenpfade wählen. Irgendwann sitzt der Jäger in seiner eigenen Falle und freut sich, vielleicht sogar, weil wir es doch gleich gewußt haben, daß es so nichts wird. Immerhin: wir haben es wieder einmal versucht.

Irgendwo glauben viele auch daran: nur der schwierige, gerade Weg ist der beste: man muß durch alle Höhen und Tiefen hindurchgehen und darf es sich nicht leicht machen, denn sonst ist man oberflächlich und kuriert nur die Symptome. Mit dieser kopflastigen Bürgschaft im Rücken wandert es sich dann wirklich leicht auf einem schwierigen Weg, oder es empfiehlt sich, doch lieber erst gar nicht zu gehen.

Weiter steht uns im Weg, daß wir überhaupt ganz bestimmte Vorstellungen davon haben, wie die Veränderung im Leben geschehen soll. Und daran gemessen sind all die klugen psychologischen Ratschläge, wie man hier und dort etwas flicken und verbessern könnte, doch reichlich abstrus und passen uns nicht in den Kram. Bitte halten Sie hier einmal inne und seien Sie ehrlich mit sich selbst: welche Bedenken kommen bei Ihnen hoch, wenn Sie daran denken, regelmäßige Übungen zur Veränderung zu machen? ...

Nehmen Sie sich Zeit für die Beantwortung der nachfolgenden Fragen:

Bin ich wirklich bereit, für einige Wochen oder Monate täglich etwa eine halbe Stunde zu investieren?

Versuchen Sie, auch auf die folgenden Fragen eine Antwort zu finden, auch wenn Sie vielleicht spüren, daß es Ihnen noch an innerer Klarheit fehlt?

Wie möchte ich sein? . . . .
. . . .

Was würde ich tun, wenn die Schwierigkeiten aus meinem Leben fortgenommen wären? . . . .
. . . .

Am besten ist es, wenn Sie Ihre Antworten schriftlich festhalten. Dies schon zur Kontrolle, weil uns so leicht negative oder kleinmachende Vorstellungen unterlaufen wie: ich möchte etwas mehr beruflichen Erfolg haben.

Ihre erste Übung sollte darin bestehen, daß Sie ab sofort sich Ihre Antworten dreimal täglich in Erinnerung rufen. Günstig ist, wenn Sie folgende Zeiten wählen: vor dem Einschlafen, nach dem Erwachen und in der Mittagspause, damit Sie diese Gedanken mit in den Schlaf nehmen und damit den neuen Tag einstimmen. Sie brauchen hierfür jeweils nur 2–5 Minuten Zeit, doch versuchen Sie jeweils, an ganz konkrete

Bilder zu denken die Sie mit vielen Details Ihrer Persönlichkeit bzw. der von Ihnen gewünschten Aktivitäten ausmalen. Wenn Sie z. B. gern für eine Zeitlang in einem anderen Land leben würden, dann stellen Sie sich diesen Aufenthalt lebhaft vor und malen Sie sich immer mehr Einzelheiten dazu aus.

Anfangs mag Ihnen diese Übung besonders schwer fallen – oder auch als nicht besonders sinnvoll erscheinen. Vielleicht hilft es Ihnen, wenn Sie laut aussprechen, was Sie denken, oder wenn Sie sich mit dem Abschnitt „In Bildern denken" befassen. Mit der vorgeschlagenen Übung erreichen Sie, daß Sie sich Ihrer Änderungswünsche bewußter werden und mehr Klarheit finden; ganz allmählich wird Ihr gewünschtes Selbstbild ein Bestandteil von Ihnen werden. Wenn es Ihnen nicht möglich ist, Klarheit über sich zu gewinnen, dann fangen Sie mit der Beantwortung der Frage an: wie möchte ich *nicht* sein? Auf keinen Fall möchte ich . . .

Machen Sie weiter, auch wenn Ihnen die Übung schwer fällt. Betrachten Sie das Ganze als ein Experiment und stellen Sie fest, ob sich nicht doch nach 14 Tagen Änderungen in Ihrem Leben ergeben.

Als zweiten Schritt wählen Sie zusätzlich eine zweite Übung in diesem Buch aus und geben Sie sich für jede Übung etwa 2 Wochen Zeit, um die Wirkung festzustellen. Die Grundübung kann später durch eine andere „offene" bzw. Vorstellungsübung ersetzt werden, doch sollten Sie den gewählten zeitlichen Rhythmus beibehalten. Am besten legen Sie für Ihre jeweilige Grund- und Nebenübung ein Erinnerungskärtchen an:

Grundübung (morgens, mittags, vorm Einschlafen): ich denke an . . . .

Nebenübung: S. . . . .

Falls Sie die Übung oder das Kärtchen vergessen oder gar verlieren: freuen Sie sich darüber, wie findig Ihr anderes Ich sein kann, um das lästige Übungsprogramm loszuwerden, und schreiben Sie in Geduld ein neues Kärtchen zum Verlieren!

In Bildern denken

Vor einigen Jahren schenkte mir eine Bekannte eine hübsche Schmuckdose, rote Blumen auf schwarz-grün-goldenem Grund, herzförmig, glänzend lackiert. Während ich noch so überlegte, ob und wie ich dieses Geschenk verwenden könnte, bemerkte sie beiläufig: das ist eine besondere Dose. Das Zumachen geht ganz leicht, aber beim Öffnen sollte man vorsichtig sein, damit nicht zuviel herauskommt. Es ist ein Sorgen-Döschen: was da hineingetan wird, das bleibt auch drin.

Ich hatte diese Bemerkung längst vergessen und bewahrte Schmuck in dieser Dose. Seltsamerweise war mir für die Dose kein Platz gut genug, es mußte ein rechter Blickfang sein, so daß sie immer zu sehen war. Ich erklärte mir das damit, daß mich liebe Erinnerungen an die Schenkerin verbinden, die längst in einer entfernten Stadt lebt, so daß dies die einzige Verbindung ist. Aber gab es in der Wohnung nicht noch 100 weitere Geschenke, denen ich dann nicht weniger Aufmerksamkeit hätte widmen müssen?

Es heißt zwar – nach einigen religiösen Auffassungen –, daß unsere Gedanken eine geistige Kraft darstellen, so daß die Bilder, die wir uns machen, eine Tendenz haben, sich zu verwirklichen. Aus aufgeklärt-christlicher Tradition heraus sind wir jedoch eher skeptisch eingestellt. Wohl heißt es in der Bibel: Du sollst Dir kein Bild von mir machen. Andererseits schuf Gott den Menschen nach seinem Bilde. Immer dann, wenn sich Entscheidendes ereignet, vollzieht sich Handeln und Sprache der Menschen in der Bibel in eindrucksvollen Bildern. Wer könnte es je vergessen: das Bild des betenden Mose auf dem Berg. Solange er die Arme betend erhoben hält, siegen die Israeliter, sobald in der Erschöpfung die ausgebreiteten Arme nach unten sinken, wendet sich das Blatt.

Obwohl also oft in so vieldeutiger Weise in Bildern gesprochen wird, haben wir vergessen/verlernt, uns ihrer Vorstellungskraft zu bedienen. Auch wenn Sie vielleicht (noch) nicht so recht an die Kraft, die von Bildern ausgeht, zu glauben vermögen, sollten Sie damit einen Versuch machen.

Zur Anregung noch einige Beispiele, die aus verschiedenen Büchern stammen:

Ein Geschäftsmann hatte finanzielle Sorgen, die ihn auch nach Feierabend noch weiterbeschäftigten, so daß er zusehends nervöser und unfähiger wurde, seine Probleme zu lösen. Eines Tages, als es so nicht weitergehen konnte, hatte er eine Idee: als der Feierabend kam, räumte er in seinem Büro auf. Papiere, die erledigt waren und weggeworfen werden konnten, legte er auf einen Stoß, knäuelte sie dann langsam zusammen und warf sie mit Ruhe und Bedacht in den Papierkorb. Er stellte sich dabei vor: dies sind meine heutigen Sorgen, von denen ich mich jetzt befreie und die ich nicht mit nach Hause nehmen will.

Ein Ehemann war mit einer zänkischen Ehefrau verheiratet, die an allem und jedem etwas Negatives sah und kritisieren konnte. Aus religiösen Gründen wollte er sich nicht scheiden lassen, sich dennoch nicht um seinen inneren Frieden bringen. Er hatte die Idee, seine Frau mit einer Zitrone zu vergleichen und in sich ein Interesse an den verschiedenen Zitronensorten und -säuren zu entwickeln und zu pflegen.

Auf einer Äquatorfahrt schlug der Kapitän den Passagieren vor, ein Sorgenpäckchen anzufertigen und dieses beim Überqueren des Äquators dem Wasser zu übergeben, so daß es auf der anderen Seite des Ozeans zurückbleiben würde. Einige Passagiere schauten lange ihrem Päckchen nach, wie es ein immer kleinerer Punkt wurde, und wirklich, sie hatten ein Gefühl der Erleichterung, daß einige ihrer Schwierigkeiten von ihnen genommen worden seien.

Spüren Sie einmal in sich hinein, ob in Ihnen nicht ein Bild aus Ihrer Kindheit oder aus einem faszinierenden Buch auftaucht, an dem Sie die Kraft, die von Bildern ausgeht, ausprobieren könnten ... machen Sie damit einen Versuch! Erfinden Sie neue Bilder, um Schwierigkeiten leichter zu bewältigen. Wenn Sie in einer unglücklichen Verbindung leben und es trotz aller guten Vorsätze nicht schaffen, da herauszukommen, mag Ihnen vielleicht ein Bild wie das folgende helfen: Sie sehen sich vor einem dicken Tau stehen und schneiden dieses Tau durch. Die zu Boden gefallenen Tauenden bewegen sich durch ihr Eigengewicht langsam voneinander weg. Sie können nun bequem durch die Taue hindurchgehen und sehen es ohne Bedauern, daß Sie sich von den Tauen entfernen.

Offene Übungen

Eine Reihe der Übungen ist offen, d. h. Sie sollen aus Ihren Erfahrungen und Ihrem Lebensbereich eine passende Übung auswählen. Manchmal scheint dies besonders schwer zu sein, und Ihnen will absolut nichts einfallen. Halten Sie dann beim Lesen einmal inne und fragen Sie sich, warum dies wohl so ist. Vielleicht geben Ihnen die nachfolgenden Beschreibungen einen Hinweis darauf, wo Ihre Schwierigkeiten liegen.

Vielleicht leiden Sie unter der „Mir-fällt-gar-nichts-ein-Krankheit" oder unter der „Ich-muß-unbedingt-etwas-für-mich-tun-Krankheit", obwohl Ihnen alle Freunde bestätigen, daß sie Sie mögen, gerade so, wie Sie sind.

Überlegen Sie, ob Ihnen ein solcher durch Einfallslosigkeit erzwungener „Halt auf der Stelle" nicht vielleicht auch ganz recht ist. Vielleicht haben Sie zwei Seelen in Ihrer Brust, einerseits möchten Sie die Änderung, andererseits müßten Sie dann auch ein anderes Leben führen. Vielleicht spüren Sie auch zu viele Erwartungen Ihrer Umwelt, daß Sie sich ändern sollten, und wehren sich zunächst einmal mehr verdeckt – z. B. durch „Einfallslosigkeit", durch die Strategie der „Nichtstrategie" usw. – gegen solche Erwartungen.

Wenn Sie den Äußerungen Ihrer Freunde über Ihre inneren und sonstigen Vorzüge nicht so recht zu glauben vermögen, dann prüfen Sie, woran dies liegen könnte. Nachfolgend einige Fragen, die Ihre Überlegungen weiterführen können:

Ist es vielleicht so, daß Sie Ihren Freunden gegenüber gelegentlich nicht ganz ehrlich sind, so daß Sie im Umkehrschluß auch den Versicherungen anderer nicht vertrauen (die könnten ja eine ähnliche Haltung haben)? Sind Sie innerlich bereit, andere Menschen wirklich zu akzeptieren und ernst zu nehmen?

Sind Sie vielleicht der Meinung, Sie müßten möglichst für alle Menschen, die Ihnen begegnen, liebenswert und attraktiv sein? In diesem Fall machen Sie den Hasen-Igel-Wettlauf, weil es immer noch Menschen geben wird, die Sie wenig sympathisch finden und die Sie ablehnen. Wie erstrebenswert ist es wirklich, von einer großen Zahl von Menschen geschätzt zu werden? Wir sind gar nicht in der Lage, viele tiefergehende Kontakte zu führen. Je weniger Kanten und Ecken wir zeigen, um von vielen geliebt zu werden, desto mehr eigene Persönlichkeit geben wir preis und verlieren sie schließlich.

Steckt vielleicht hinter Ihrer Schwierigkeit, solchen Versicherungen zu glauben, eine Vermeidungsstrategie? Anstatt auf die wirklich schwachen Punkte einzugehen, polieren Sie vielleicht doch lieber noch ein wenig an Ihrer Vollkommenheit herum? Immerhin haben Sie ja auch dabei das Gefühl, an sich zu arbeiten und bemüht zu sein.

Vielleicht sind Sie auch bei der Wahl Ihrer Freunde ein wenig zu sorglos gewesen – oder Sie selbst haben sich geändert, und die Freunde passen nicht mehr zu Ihnen.

Wenn Ihnen die Wertschätzung anderer besonders wichtig ist, machen Sie die Übung „Mit sich selbst leben".

Wie die Texte geschrieben sind

Die Gedanken zu den einzelnen Themenbereichen sind nicht immer gradlinig formuliert. Manchmal folgen wir mit Absicht ein wenig einem Zickzack-Kurs: Was kommt da alles hoch an Ideen, Eingebungen, Gefühlen? Es geht dabei nicht um die in manchen Büchern zu psychologischen Fragen zu spürende „Vorherrschaft des Bauches" gegenüber dem Kopf, der uns angeblich so unlebendig macht. Und die, die dies sagen, haben recht, weil der Kopf noch so unentdeckt ist. Es geht also nicht um das eine oder andere, sondern um Raum und Zeit für verschiedenartige Ideen und Gefühle.

Geht es uns nicht manchmal so, daß wir nach Jahren, wenn wir z. B. einen uns bekannten Text noch einmal lesen, ihn mit ganz anderen Augen sehen, ein neues Verständnis bekommen? Durch den Abstand der Jahre sind wir ein anderer geworden, oder wir haben jetzt überhaupt mehr Offenheit für den Text.

Texte mit dem recht hohen Anspruch, Veränderungen beim Leser zu bewirken oder zu erleichtern, sollten in ähnlicher Weise das Sehen mit anderen Augen ermöglichen. Wir stellen uns diesen Prozeß als einen Spaziergang in einem Park vor: ein Beet mit hundert verschiedenen Rosensorten entzückt uns vielleicht und mag uns alles Sehenswerte über Rosen vermitteln. Wenn wir jedoch kein besonderer Rosenfreund sind, hat uns die Fülle eher erschlagen – oder wir beschäftigen uns erst nicht näher damit. Begegnen wir bei unserem Spaziergang im Park jedoch immer wieder einmal einigen ausgewählten Rosensorten, die von der ganzen Anordnung und Farbenpracht her mit dem Umfeld harmonieren oder auch kontrastieren, so befassen wir uns wohl mit mehr Aufmerksamkeit und Interesse auch mit den weniger geschätzten Rosen.

Das sachliche und logische Argumentieren scheint oft den kürzestmöglichen Weg darzustellen, einen anderen zu überzeugen, aber dennoch kommen wir oft am anderen Ende schon deswegen nicht an, weil wir unterwegs den Spaß an der Sache verloren haben und die Vielfalt unserer Empfindungen zu kurz gekommen ist. So möchten wir den Freiraum der Gedanken und Gefühle möglichst groß halten, und der Weg soll ein Stück weit auch für das Ziel stehen.

Den Wandel lieben

Manchmal erscheint uns Wandel als das Schlimmste, was uns passieren kann. Lieber leben wir mit Kompromissen, als Veränderungen auf uns zu nehmen. Viele Menschen fürchten am meisten den Wandel in Beziehungen. Wir sind dann manchmal froh, wenn der andere uns gegenüber überhaupt noch Gefühle zeigt, so daß es schon fast gar nicht mehr wichtig ist, ob es positive oder traurige oder kränkende Gefühle sind. Aus einer tiefreligiösen Einstellung heraus können wir zwar davon ausgehen, daß das eine wieder zum anderen werden kann – viele haben z. B. in ihrer Umgebung mit Staunen ein Ehepaar erlebt, das im Alter zu einem gemeinsamen Glück fand nach Jahren der Gleichgültigkeit und Streiterei –, für gewöhnlich begnügen wir uns jedoch mit einem eher schlechten als rechten Gang der Dinge.

Die Grundwahrheit heißt also: den Fluß des Lebens akzeptieren lernen. Wenn man genau hinschaut, sind Fluß und Veränderung zwei Seiten einer Medaille. Wer den Wandel in seinem Leben zuläßt, der öffnet sich innerlich für die guten Dinge, die in Zukunft auf ihn zukommen werden wie die Erfahrung neuer Liebe. Wenn wir die zwei Seiten einer Sache betrachten, sind wir dem Glauben oft weniger weit entfernt, als wir manchmal wahrhaben wollen.

Wir sollten uns anschauen, was der Wandel eigentlich mit uns im Innern macht. Wie sehr sind wir beim Wort Wandel von Vorstellungen des Schrecklichen beeinflußt, das auf uns zukommt und das wir durchleben müssen? Manch einer mag von Goethes Wort angesprochen worden sein: Solange du dies nicht hast, dieses Stirb und Werde, bist du nur ein trüber Gast auf dieser Erde. Viele Jahre hat mich dieses Wort begleitet, und doch konnte ich immer nur das Wort Stirb hören, und das Wort Werde rauschte an meinen Ohren vorbei.

Was fürchten wir also eigentlich, wenn wir den Wandel meiden? Allein schon der Gedanke an die Veränderung macht uns oft traurig. Wir sind überzeugt, daß wir tief um einen anderen Menschen trauern, den wir verloren haben, weil er uns verließ oder von uns genommen wurde. Vor Jahren las ich, daß eine solche Traurigkeit oft bedeutet, daß man sich selbst leid tut und die traurigen Gefühle gar nicht dem anderen gelten. Würden sie ihm wirklich gelten, dann müßten wir eigentlich mit Freude an die Zeit der Begegnung denken – und nicht nur an den Verlust, an das Ende der Gefühle und Empfindungen, die mit diesem Menschen möglich waren. Wir geben uns dem Schmerz hin: so wie mit ihm/ihr wird es gewiß nicht wieder sein. Doch oft ist unser Schmerz nur unser Unvermögen, die Begegnung mit etwas Wunderbarem auszudrücken. Ich erinnere mich an einen Gesang, an die Sopranstimme einer Frau in einer Kirche, so vollendet, so wunderbar, daß mir Tränen kamen.

Obwohl es also in Wirklichkeit sein kann, daß der andere Mensch seinen inneren Wandlungsprozessen folgend jetzt in einer für ihn besseren Welt lebt und wir uns für ihn freuen sollten, geht es uns nicht gut. Wir bewegen uns in düsteren Gedanken und haben Angst davor, die Bilder, die uns so lieb geworden sind, begraben zu müssen, und begraben stattdessen die Liebe zu diesem Menschen und damit ein Stückweit auch die Liebe zu uns selbst, anstatt still zu werden und sich zu erinnern: wie schön die Begegnung war, wie sie uns angerührt hat. Berührung und Begegnung zusammengenommen haben manchmal einen Regenbogen ergeben …

Wenn wir uns jetzt mit Trauer und Selbstmitleid zuschließen und im Grunde des Herzens die kleinmütige Angst haben, wir seien es vielleicht nicht wert, geliebt zu werden, oder wir würden vielleicht nie wieder Liebe finden, in diesem Zustand finden wir vielleicht tatsächlich niemanden, der uns wirklich lieben könnte, so daß wir einen bösen Kreislauf von Angst und Bestätigung dieser Angst durch die Wirklichkeit erfahren.

Wir schaffen uns solche Situationen auf vielfache Weise selbst. Haben wir nicht auch schon so über andere dahergeredet: es muß wohl an ihr/ihm liegen, das ist jetzt bereits der zweite Mann (die zweite Frau), der (die) sie/ihn innerhalb eines Jahres sitzen läßt! Was wir bei anderen vermuten, kann doch wohl auch bei uns zutreffen. Die leichtfertige Verurteilung von anderen bereitet oft den Boden für eigene unglückliche Verbindungen. Wir fühlen uns dann vielleicht gerade von einem Menschen angezogen, der seinerseits zu Verurteilungen neigt, so daß die Verbindung eine belastende Hypothek hat.

Oft stellen wir auch falsche Vorbedingungen: erst muß ich von jemandem geliebt werden, und dann geht es mir gut. Richtiger ist jedoch: erst muß ich in mir rund sein, und dann bin ich sowieso liebenswert und finde Liebe.

Wie können wir diesen Kreislauf verändern? Zuerst müssen wir das Hochgefühl der Traurigkeit durchbrechen. Trauer ist ein ähnlich tiefes Gefühl wie Liebe, und wir fühlen uns dadurch in besonderer Weise lebendig. Wenn wir schon nicht an der Liebe teilhaben können, so vermag uns wenigstens das Gefühl der Trauer herauszuheben aus der Banalität des alltäglichen Lebens. Fragen wir uns doch: wie wäre es, wenn ich jetzt nicht diese Traurigkeit und diese Melancholie hätte? Was würde ich eigentlich tun, wenn es mir trotz des Verlustes ganz wohl erginge? Wenn wir ehrlich sind, erkennen wir, daß wir ein Stückweit unsere Traurigkeit schön und erhebend finden. Wir können uns selbst vielleicht schon gar nicht mehr anders sehen als traurig, weil wir schon so lange in diesem Zustand leben und diese Gewohnheit eigentlich auch nicht ändern wollen.

Es ist ein Paradox: während wir mit Hilfe der Trauer die uns liebgewordenen Bilder unverändert erhalten wollen, wandeln wir uns selbst mehr und mehr und werden zu einem Menschen, den der andere vielleicht nie geliebt haben würde. Mit der Einsicht, was die Traurigkeit mit uns macht und wie sie uns verändert, können wir vielleicht auf das Hochgefühl und die Abgehobenheit durch die Trauer verzichten.

Übung

Die Veränderbarkeit sehen

Die Veränderbarkeit zum Negativen sollten wir nicht üben: darin sind wir oft Meister. Unsere Aufgabe ist es, uns für zwei Wochen lang eine Veränderbarkeit zum Positiven vorzustellen, sie zu erwarten – auch wenn nichts dafür spricht. Hierzu ein Beispiel: Die Parkplatzsuche verdirbt mir regelmäßig den Arbeitsanfang, so daß ich etwas dagegen unternehmen will. Ich stelle mir daher zwei Wochen lang jeden Morgen bei der Fahrt zum Arbeitsplatz intensiv vor, daß ich heute ziemlich bald einen Parkplatz finden werde und die Suche danach nicht so aufreibend sein wird. Ich werde ganz geduldig die Straße entlang fahren und nach einem freien Platz Ausschau halten. Wenn dies nicht auf Anhieb gelingt, werde ich geduldig und langsam dreimal die Straße auf und ab fahren und innerlich fest erwarten, daß jemand wegfährt und ich diesen Platz bekomme.

Trotz der anscheinend hoffnungslosen Parkplatzsituation fand ich in den zwei Wochen täglich fast mühelos einen Parkplatz. An den Tagen, an denen dies nicht funktionierte, war auch meine innere Überzeugung etwas schwankend geworden: heute kann es doch nicht schon wieder klappen und ähnliche Gedanken gingen mir durch den Kopf. Ein Teil der Veränderung hängt sicher auch mit der größeren Bereitschaft zur Geduld und dem mehrmaligen Versuch zusammen.

Es empfiehlt sich, sich für diese Übung eine Situation/Sache auszuwählen, bei der wir in der Regel bisher negative Erfahrungen gemacht haben. Grundsätzlich gilt, daß wir unsere Erwartungen auch einer anderen Person gegenüber von negativ auf positiv umstellen können und dadurch ganz andere Wirkungen erreichen. In der Anfangsphase einer Übung ist jedoch zu bedenken, daß mein Gegenüber die Umstellung spürt, dadurch vielleicht eher verunsichert ist, weil er sich die Veränderung nicht recht erklären kann. Aus Verunsicherung heraus mag er uns zunächst noch mehr attackieren als früher, um zu testen, wie echt die Veränderung ist. Wenn der andere es noch ärger treibt, legen wir dies jedoch nicht als Versagen der

Übung aus und resignieren. Ein Versagen der Übung zeigt im allgemeinen an, daß wir eine solche Übung wirklich nötig haben und uns noch fester darum bemühen sollten.

Wie können Sie die Übung durchführen? Entscheiden Sie sich zunächst dafür, daß Sie sich für zwei Wochen lang täglich eine Veränderung vorstellen. Überlegen Sie, was für Sie geeignet sein könnte ...

Am besten ist es, wenn Sie dreimal täglich intensiv an die Veränderung denken. Machen Sie vor dem Schlafen eine Tagesrückschau.

Verzeihen Sie es sich, wenn der heutige Tag nicht so war, wie Sie es gern möchten, wenn Sie vielleicht wieder hoffnungslos waren, sich unfähig fühlten, etwas zu ändern. Schuldgefühle und Groll binden Sie an die jetzigen Lebensumstände, die dadurch unauflösbar erscheinen.

Vom Umgang mit unseren Gewohnheiten

Wie sieht unser Alltag aus, der Ablauf der täglichen Ereignisse? Fühlen wir uns oft unzufrieden, und denken: war/ist das denn alles? Dieser tägliche Gang zur Arbeit, die Begrüßung der Kollegen, das tägliche Hochkrempeln der Ärmel, der Achtstundentrott, die Kontrolle der Daueraufträge, die von unserem Konto abgebucht werden! Manchmal fühlen wir uns eingeengt, weil sich so wenig ändert, weil die Summe der Gewohnheiten uns erschlägt. Einiges erscheint unvermeidlich, doch vieles ist wie ein zu enges Kleid, ein zu enger Anzug. Aber oft können wir uns nicht vorstellen, dieses Kleid abzulegen – es wegzuwerfen. Oder vielleicht noch einfacher: es fallen zu lassen. Wir haben die Lust des Kindes an neuen Entdeckungen verloren, die brennende Neugier, das Innere der Puppe, eines Spielzeugs zu erforschen, auch wenn wir die Puppe dafür hergeben müssen.

Oft empfinden wir Wohlbehagen über die Geordnetheit unseres Lebens; nur ein Griff, und wir haben die Schere zur Hand und brauchen erst nicht lange nach ihr zu suchen. Wohl dem, sagen wir – vielleicht sogar ein wenig sarkastisch –, den das Haben nicht unglücklich macht, der nicht täglich aufzurechnen braucht: du hast mich eingeladen, also muß ich dich einladen; ich bin eingeladen worden, also muß ich es mir zur Ehre anrechnen; ich bin nicht eingeladen worden, also geht es mir nicht gut, also brauche ich ein bißchen Trost, Streicheleinheiten. Vielleicht auch ein bißchen Gerechtigkeit, wenn ich mit der Ungerechtigkeit rechne. Wie fing es an, als wir unsere Gewohnheiten herausbildeten?

Der Schritt zu unseren Kindheitsbildern liegt manchmal

weit zurück, doch wir sollten ihn tun. Welches ist unser schönstes Bild aus der Kindheit? Jenes, mit dem umwerfenden Kinderlächeln? Ich mag von mir am liebsten ein Foto, das eigentlich mißglückt war. Das schöne Fell, das schönste Stofftier des Kinderfotografen konnten es mir offenbar nicht antun. Endlich habe ich ein völlig demoliertes Spielzeug entdeckt und halte es fasziniert auf dem Schoß: was dieses Ungetüm wohl bedeuten mag? Ich bin neugierig und stolz auf meine Entdekkung. Das Foto ist eine Mahnung für mich: nicht hinter den damals erreichten Stand von Glück und Souveränität zurückzutreten: seht her, was ich habe und wie ich bin, und bedrängt mich nicht so.

Für die Zufriedenheit mit dem Alltag und unseren Gewohnheiten haben wir vermutlich alle einen teuren Preis gezahlt. Ich erinnere mich daran, daß ich im Alter von etwa 5 Jahren bei einer Auseinandersetzung meiner Eltern unbedingt dabei sein wollte. Was die beiden zu besprechen hatten, erschien mir außerordentlich wichtig, doch nach Ansicht meiner Eltern war das nichts für Kinder. Meine Patentante hat mich dann von diesem Gespräch mit der Aussicht weggelockt: „Du willst doch gerne Englisch lernen, ich bringe es Dir jetzt bei!“ Meine Neugier auf die englische Sprache hat damals gesiegt. Was ich lernte, waren zwei Worte auf englisch, und ich brauchte Jahre, um meiner Tante zu verzeihen.

Für die meisten von uns ist es so, daß wir für den Verzicht auf die Neugier ein wunderbares Gefühl von Sicherheit haben, zugleich aber ersticken wir ein Stückweit an der Öde und Voraussagbarkeit. Vielleicht können wir manchmal darum auch nicht anders als unseren Kummer darüber in Traurigkeit zu verwandeln. Und wie gehen wir mit dieser Trauer um?

Trauer macht uns lebendig! Wenn wir einen solchen Satz zum ersten Mal hören, klingt er seltsam, unglaubhaft. Doch versuchen wir uns einmal in jemanden einzufühlen, dem das Leben sinnlos, lästig, schwer erscheint. Was verbindet ihn noch zu uns, zum Leben? Ein Stückweit noch dieses Gefühl. Wenn alle Gefühle, alle Gedanken aufgehört haben, gibt es auch den Menschen nicht mehr. Solange jemand wirklich leidet, besteht Hoffnung. Das Schlimmste ist die rosarote Brille, wenn alles in Watte eingepackt ist, wenn uns weder Schmerz noch Freude mehr erreichen und wir innerlich abgeschlossen haben, tot sind. Ein bißchen sollte es uns also schon freuen, daß wir noch so eine Verbindung zum Leben haben. Durch die nachfolgenden Übungen sollen diese Verbindungen und die Lebendigkeit noch wachsen.

Übung

Mit sich selbst leben

Sind Sie ein Mensch, der von seiner Uhr, seinem Morgenkaffee, den Streicheleinheiten anderer usw. abhängig ist wie eine Blume von Sonnenschein und Regen? Wenn Sie solche Muster bei sich feststellen, sollten Sie daran arbeiten. Zur Verdeutlichung ein Beispiel:

Sie sitzen im Zug und machen eine mehrtägige Reise, doch plötzlich stellen Sie fest, Sie haben Ihre Uhr vergessen. Die ersten Gedanken mögen vielleicht sein: das ist ja entsetzlich, wie konnte mir so etwas passieren? Ist die Uhr vielleicht doch noch irgendwo im Gepäck? Nachdem Sie alles gründlich gedreht und gewendet haben und Ihnen langsam klar wird, daß die Uhr wohl noch – deutlich sichtbar – auf der Ablage im Bad liegen muß, wohin Sie sie vorsorglich legten, um sie auf keinen Fall zu vergessen, beschließen Sie, auf der ersten Station Ihrer Reise in ein Uhrengeschäft zu gehen und eine billige Uhr zu erstehen. Flüchtig wahrgenommene Anzeigen von Sonderangeboten tauchen in Ihrer Erinnerung auf. Eigentlich trotzdem eine unnütze und ärgerliche Ausgabe, aber was sein muß, muß sein. Oder sollten Sie spaßeshalber einmal bei einem der „verrückten" Modelle zugreifen? Wie wäre es mit einer roten Uhr, die Sie sich sonst nie kaufen würden – und, wer weiß, vielleicht sogar nie vergessen werden! Langsam freunden Sie sich mit dem Gedanken des Uhrenkaufs an. Zu ärgerlich, daß Sie die Uhr noch nicht haben. Müßte es nicht langsam Zeit für die Stadt X. sein? Tatsächlich hält der Zug kurze Zeit später an. Mit Erstaunen stellen Sie fest, wie gut Ihre innere Uhr funktioniert.

Im Speisewagen dann endlich, jedermann hat eine Uhr, und Sie können es nicht lassen und spähen des öfteren auf die Uhr Ihres Gegenübers, um die genaue Zeit zu wissen. Sie machen das unauffällig, damit niemand Sie für einen seltsamen Vogel hält. Doch dann kommt ein neuer Fahrgast, nervös schaut er alle 2, 3 Minuten auf seine Uhr. Inzwischen sind Sie soweit, daß Sie diesem Zeitgenossen mit etwas Belustigung zuschauen. Sie müssen sogar über sich selber lachen: so ist es also, wenn man die Uhrenmanie hat.

Nach einer Weile sitzen Sie dann allein im Abteil. Sie haben schon mehrmals das Armgelenk aus Gewohnheit hochgereckt, doch keine Zeit und keine Uhr ist da. Jetzt regt Sie der uhrlose Zustand erneut auf. Aber nachdem Sie jetzt bereits durch mehrere Phasen dieses Zustands gegangen sind, spüren Sie so etwas wie eine Herausforderung. Wäre es nicht einen Versuch wert, die nächsten vier Tage trotz geschäftlicher Verabredungen einmal ohne Uhr zu leben und sich nicht als halber Mensch zu fühlen, nur weil man keine Uhr bei sich hat?

Nachdem Ihr Entschluß feststeht, kommen Ihnen die verschiedensten Ideen: Sie können andere Menschen nach der Zeit fragen und damit auch ein wenig an Ihrem üblichen Stolz auf die Unabhängigkeit von anderen arbeiten (wozu ein solcher Zufall doch gut sein kann)! Sie sind neugierig darauf, wie gut Ihre innere Uhr funktioniert und wie gut Sie sich darauf verlassen können. Sie werden es sogar riskieren, eventuell einmal zu spät zu sein – welch neues Verhalten – und den anderen dann von Ihrem Experiment berichten.

Vielleicht haben Sie keine solchen Probleme mit der Uhr, doch sicher finden Sie eine andere Ihnen lieb gewordene bzw. unverzichtbar erscheinende Gewohnheit, die sich für ein solches Experiment eignen würde. Warten Sie nicht darauf, bis Sie vom Zufall herausgefordert werden, sondern wählen Sie eine Gewohnheit aus, beschließen Sie, ab sofort bzw. ab der nächsten Gelegenheit für einige Tage ohne die Gewohnheit zu leben. Versuchen Sie sich nicht mit zu kleinen Dingen wie etwa dem Verzicht auf das Zeitunglesen am Morgen, wenn Sie die Zeitung stattdessen dann mittags lesen; aber auch möglichst nicht mit zu großen Dingen wie etwa einer dreiwöchigen

Fastenkur, wenn Essen eine Lieblingsbeschäftigung für Ihr leibliches und seelisches Wohlergehen ist. Bereiten Sie sich innerlich darauf vor, daß Sie verschiedene Phasen während Ihres Verzichts durchleben werden und die Selbstbestätigung durch eine solche Übung sich vorläufig eventuell nur für kurze Zeit einstellen wird. Ein bißchen werden Sie vermutlich doch auf den Geschmack kommen, auf die unbändige Freude, ganz Sie selbst zu sein.

Falls Sie keine Gewohnheit finden können, dann prüfen Sie bitte, ob Sie nicht vielleicht doch an der „Mir-fällt-gar-nichts-ein-Krankheit“ leiden (vgl. Einleitung).

Mit ganzer Kraft leben

Leben wir mit halber Kraft oder mit ganzer Kraft? An was haben wir unsere Kraft verloren – oder haben wir sie nicht wirklich verloren? Sehen wir Veränderungen oder Veränderbarkeit? Wie geht es uns beim Anblick des Wandels in der Natur, wenn wir in den Himmel sehen, den Vollmond erblicken? Ist es uns vielleicht trotz aller Aufgeklärtheit manchmal schmerzhaft/rätselhaft, daß in Kürze wieder die schmale Sichel zu sehen sein wird? Erfreuen wir uns an dem Auf und Ab? Blicken wir in den Himmel mit Wehmut: wenn es doch nie wieder Morgen werden würde! Oder denken wir immerzu an den Morgen: wenn es doch nur schon Morgen wäre, eine andere Zeit, eine andere Stimmung uns ergreifen würde. Die nächsten Stunden, dieser Tag noch, dann ist es wieder einmal geschafft ...

Unsere gedrückte Stimmung erscheint uns manchmal als so gewaltig, als so letztlich rätselhaft, so ohne Anfang und Ende, daß wir uns nicht vorstellen können, daß sie durch unsere Hand und Verantwortung wieder klein und überschaubar werden könnte. Während wir darum auf die Veränderung von draußen warten – und sie gleichzeitig auch fürchten – während wir sogar manchmal Bitt- und Stoßgebete sprechen, wäre es doch endlich vorbei, oder in der Verzweiflung das nutzlos erscheinende Bitten aufgegeben haben, vergeht sie ja doch: diese Zeit unseres Lebens. Und so, wie wir sie verbringen, manchmal niedergedrückt, manchmal mit Galgenhumor (Danke, es geht ganz gut), mit Schmerz und Hader (Warum ausgerechnet ich? Warum haben meine Eltern mich nicht mehr geliebt? Warum empfinde/empfange ich nicht mehr Geborgenheit?) mag es nicht einmal schade sein um die Zeit. Doch wie lange denken wir schon so. Tage, Wochen, Monate? Bringen wir es in der Summe gar auf Jahre? Das ist vielleicht ein Punkt der Betroffenheit: ja, es ist schon so, daß es viel Zeit ist, daß es schade um die Zeit ist, und am liebsten hätten wir das Problem überhaupt nicht mehr. Aber wir können es ja anscheinend nicht ändern.

Folgende Überlegungen haben mir geholfen, diesen Kreislauf und diese Bilanz aufzugeben. Wie schlecht es gerade auch aussehen mag: es ist unser Leben und muß gelebt werden. Es ist alles, was wir haben: auch wenn wir das im Moment nicht schätzen können. Vielleicht nehmen wir sogar alles, was wir heute leben, mit in die Zukunft und verhindern damit die gute Zeit, nach der wir uns sehnen. Die Frage ist also: Haben wir wirklich bereits genügend in dieses jetzige Leben investiert? Oder sagen wir oft: so nicht! Solange ich diese Stimmungen habe, solange mir die Geborgenheit, das Glück fehlt, lohnt es sich nicht. Häufig stellen wir Bedingungen, die erst erfüllt sein müssen, bevor wir bereit sind, auf das Leben zuzugehen.

Wie sieht unser Leben denn aus, wenn alles weggenommen ist, was uns niederdrückt? Was würden wir als erstes machen? Als nächstes usw.? Oder träumen wir nur vom Glück – und es ist dann etwas, was auf uns niederfallen soll wie die Sterntaler im Märchen? Das ist ein schöner Traum, aber wir geben ihm meist nicht genügend Raum und Gestalt in unserem Leben. Solange nur ab und zu wie ein kurzer Blitz in uns der Gedanke auftaucht, daß irgendwie das Glück auf uns herabfallen soll, solange sind wir auch unserem Unglück ausgeliefert. Es kann dann ähnlich überraschend und unverdient über uns kommen, denn wir denken mindestens ebenso oft, wenn nicht öfter, an unser Unglück. Es bleibt uns nicht erspart, wir müssen damit aufhören, Bedingungen zu stellen, unter denen wir allein glücklich zu sein vermeinen, und uns genauer anschauen, was wir sonst noch haben. Es fällt uns meist nicht leicht, auf solche uns lieb gewordenen Bedingungen zu verzichten. Die Kraft, die wir in die Ablehnungen – so nicht! – investieren, macht vielleicht genau die halbe Kraft aus, die uns jetzt fehlt.

Wie kommt es, daß es uns fast lieber ist, das Leben nur halb/

halbherzig zu leben, gegen die unangenehmen Dinge anzukämpfen? Manchmal meinen wir, wenn wir als gut annehmen, was jetzt so in unserem Leben ist, dann verraten wir unsere besten Vorsätze, dann verzichten wir endgültig auf das Glück und die gute Zeit. Wir sehen uns einen Irrweg/Umweg gehen oder in einem Labyrinth gefangen, wenn wir uns leichteren Herzens auf die jetzigen Umstände einlassen und mit ihnen fertig werden. Dahinter steht ein wenig die Idee, als müßten wir das spätere Glück erst verdienen. In stillen Minuten empört uns diese Idee: einige müßten allmählich alles Glück der Welt verdient haben, wenn es danach ginge.

Der Weg, den wir zu gehen haben, ist einfacher und auch in manchem schwerer, wobei für jeden etwas anderes schwer oder leicht sein mag. Für den einen mag schwer sein, für sich selbst überhaupt fest an das Glück in seinem Leben zu glauben, so daß es in seinen Gedanken Gestalt und Form annimmt. Dann kann ihm der zweite Schritt, sich bereits jetzt so zu verhalten, als wäre das Glück schon da, wesentlich leichter fallen. Ein anderer akzeptiert als gut, was jetzt in seinem Leben ist, und bereitet sich damit innerlich darauf vor, daß mehr und mehr Gutes in sein Leben kommen wird.

Die nachfolgende Übung hat das Ziel, in uns mehr positive Erwartungen des Kommenden aufzubauen. Es geht einmal um Erwartungen des Guten überhaupt, aber auch um mehr Neugier und Freude an Veränderungen.

Übung

Vertrauen üben

Eine der intensivsten Übungen, die wir machen können, ist die Vertrauensübung. Am besten ist es, wenn wir uns auf diese Übung einlassen wie auf ein Experiment und die Wirkungen abwarten, ohne nach logischen oder stichhaltigen Begründungen zu fragen.

Die Übung ist folgendermaßen durchzuführen: setzen Sie sich an einen ruhigen Ort, versuchen Sie selbst innerlich ruhig zu werden, atmen Sie vielleicht einige Male tief ein und aus, denken Sie nun an eine wichtige Lebensangelegenheit, bei der Sie eine Veränderung wünschen. Erwarten Sie innerlich, daß eine Veränderung, eine Wende zum Konstruktiven eintritt. Vielleicht sprechen Sie sogar diese Sätze laut vor sich hin. Wiederholen Sie diese Übung während der nächsten 14 Tage dreimal täglich: am besten morgens zur Tageseinstimmung, mittags zur Erinnerung und vor dem Schlafengehen, damit Sie diese Gedanken mit in den Schlaf nehmen.

Vielleicht ist die Übung für Sie einfacher durchzuführen, wenn Sie an ein Gebet denken, womit sie einige Ähnlichkeit hat. Wir gebrauchen die positive Kraft unserer Gedanken meist viel zu wenig, und wenn wir sie gebrauchen, dann oft als Geschäftsangelegenheit, fast ein wenig als Bestechung: wenn mir diesmal noch geholfen wird, dann tue ich das und das, dann spende ich den und den Betrag einer Wohltätigkeitsorganisation usw.

Vertrauen üben heißt: in mir den Gedanken zu spüren und wachsen zu lassen: ich bin es wert, Erfüllung in meiner Angelegenheit zu erfahren. Ich bin es wert, Erfüllung zu erfahren und keine Kompromisse zu leben.

Was ist, wenn Sie die Übung zwei Wochen lang durchgeführt haben und noch keine Veränderungen erkennen können? Zwei Möglichkeiten sind denkbar: Sie haben vielleicht nicht genügend innere Kraft in die Übung hineingegeben, so daß Sie in Geduld noch eine Zeitlang weiterüben sollten. Oder aber die Dinge, deren Veränderung Sie erwarten, fangen an sich zu ändern, aber die Änderung ist noch nicht äußerlich sichtbar und braucht noch etwas Zeit des Wachstums.

Warum passiert mir das?

Manchmal können wir nicht aus dem Fenster schauen und die Passanten beobachten oder im Park spazierengehen und die anderen Menschen sehen. Zumindest läßt uns dieser Anblick nicht gleichgültig und erfüllt uns schon gar nicht mit Freude. Es ist eher belastend mitanzusehen, wie es den anderen anscheinend so viel besser geht und sie glücklich sind. Wir dagegen ...

Zu Haus erliegen wir an solchen Tagen oft der Anruffalle. Er/sie müßte doch eigentlich anrufen. Es war doch so gut wie abgemacht, zumindest hatten wir das so verstanden. Die Zeit vergeht. Irgendwann dachten wir noch: Jetzt ganz schnell weggehen, um die Enttäuschung nicht zu erleben, daß er/sie doch nicht anruft. Doch wir fühlten uns entweder bereits zu angeschlagen, um uns noch aufraffen zu können, oder wir hatten irgendwo doch noch ein Fünkchen Hoffnung: vielleicht später, vielleicht in einigen Stunden wird der Anruf noch kommen. Das kann er/sie doch nicht machen, daß er/sie gar nichts mehr von sich hören läßt.

Das Telefon bekommt langsam etwas Magisches, wie es so im Raum steht. Wir schauen öfters hin, ja es ist noch da. Einige Male ein Schrillen. Aber es ist nur das Geräusch des Telefons in der Nachbarwohnung. Inzwischen glauben wir nicht mehr so recht daran, daß er/sie noch anrufen wird. Aber jemand anderes, irgendjemand, den wir kennen, müßte doch anrufen! Sonst klingelt das Telefon doch auch! Allmählich fühlen wir uns so schlecht, so dumpf, daß wir zwar noch denken, jetzt müßte ich den oder den anrufen, aber es geht nicht mehr. In dieser Stimmung, das würde ja jeder merken, wie wir durchhängen ...

Das wird eine schlimme Nacht werden. Wir trösten uns vielleicht damit, daß es uns am Morgen, bei Tageslicht wieder ein bißchen besser geht. Warum geht es mir nur so? Warum hat er/sie mir das nur angetan? Wenn ich doch nur verstehen könnte, warum es mir so geht, warum man mich so behandelt?

Vielleicht haben wir jemanden, mit dem wir über dieses Problem sprechen können. Ähnliches ist dem anderen vielleicht auch schon passiert, und er versteht uns. Er kennt/erkennt vielleicht den, der uns Kummer macht, und kann uns das Verhalten erklären. Daß der andere mit nicht weniger Unbehagen zu Hause saß oder unter die Leute ging und sich vor dem Anruf fürchtete, vor lauter Furcht schließlich gar nicht mehr anrufen konnte ... Es tut dann nicht mehr so weh, wenn man ein Stückweit versteht, wenn man vielleicht sogar sich selbst Stück für Stück auf die vermeintlichen Schliche kommt. Wie war es doch noch in der Kindheit, als die Mutter zur Arbeit ging, für Stunden weg war, als es gar nichts nutzte, zu schreien, zu weinen, zu sagen: bitte bleib doch bei mir? Der Schmerz ist von damals, er ist einfach weg, und wir können heute nicht mehr weinen. Oder: jetzt haben wir eine neue Spur: der andere spürt einen dunklen Fleck in uns, er hat selbst einen solchen Fleck, er ist davon beunruhigt, weiß nicht, wie er sich verhalten soll, und schlägt zu ...

Das Verstehensspiel „Warum passiert mir das?“ ist gewiß ein interessantes Spiel und führt von Entdeckung zu Entdekkung. Es führt sogar, woran es uns am meisten mangelt, zum Vertrauen: wenn alles erklärbar ist, dann ist auch alles irgendwo gut. Aber macht es auch Sinn, ergibt es auch Sinn in meinem Leben? Kann ich denn begreifen, warum ich in dieser Zeit und nicht früher, als Frau/Mann geboren wurde, warum ich überhaupt jenem Menschen begegnete, den zu verstehen mir schwierig ist? Und wenn ich etwas von jenem Menschen verstehe, geht es mir dann nicht wie früher den Kindern, denen man Märchen wie das vom Klapperstorch erzählte und denen die Welt dadurch auch ganz verständlich wurde, zumindest für eine Weile?

Wie würde es mir in einer Extremsituation gehen, als Gefangener, Gefolterter? Würde es mir helfen zu verstehen, daß meine Peiniger nicht wissen, was sie tun? Müßte ich mich nicht vielmehr entscheiden: leben zu wollen – oder mich aufzugeben? Leben, weil ich später für eine bessere Welt eintreten möchte, weil ich an Gott glaube, weil ich zu meinen Angehörigen zurückkehren möchte, weil ich mich nicht unterkriegen lassen will.

Wir neigen dazu, Situationen in schwer und leicht einzuteilen. Schwer erscheint, wenn das Leben bedroht ist, und leicht, wenn wir z. B. nur mit unseren Stimmungen zu kämpfen haben. Stimmungen sind jedoch für manche Menschen deren Extremsituation und Herausforderung. Wir sollten dann der Versuchung widerstehen, uns allzulange mit dem Verstehensspiel aufzuhalten. Wie können wir besser auf die Herausforderung unserer Stimmungen eingehen? Nachfolgende Übung soll helfen, besser Bilanz zu ziehen, uns mehr in Einklang mit unserer Umgebung zu bringen und mehr „Widerstand" in uns zu entwickeln: ich laß mich nicht unterkriegen.

Übung

Sich ein Heldenbild vorstellen

Schließen Sie Ihre Augen und versuchen Sie zu träumen. Versuchen Sie sich vorzustellen, es würde eine schwierige Situation auftauchen, die Sie jedoch so bewältigen, daß andere Menschen Sie dafür bewundern. Eine Nachricht darüber oder Ihr Foto erscheint sogar in der Zeitung.

Welche Situation können Sie sich vorstellen? Welche Rolle könnten Sie übernehmen? Vielleicht haben Sie sogar schon einen solchen Traum, den Sie immer wieder einmal träumen? Nachfolgend ein Beispiel für einen solchen Traum, das aus der Zeit der häufigen Geiselnahmen stammt: Frau M. stellt sich vor, sie sei auf einer Urlaubsreise in den Süden, und sie genießt den Flug und die Vorfreude auf den Strand, das neue Land usw. Doch plötzlich stehen zwei Männer vorn im Gang des Flugzeugs, sie haben geladene Waffen, ergreifen einen älteren

Herrn und eine junge Frau als Geiseln. Die beiden sind zu Tode erschrocken und zittern um ihr Leben. Sie flehen, die Frau hat ein kleines Kind, sie möchte noch leben ... Jeder von ihnen hat wichtige Gründe.

Frau M. kann die Szene nicht mitanschauen. Als Kind schon sprang sie dazwischen, wenn größere Kinder auf einen Kleinen einschlugen. Wenn soviel Ungerechtigkeit herrschte, spürte sie plötzlich keine Angst mehr, selbst geschlagen zu werden. Tatsächlich war ihr bei solchen Gelegenheiten nie etwas passiert. So auch bei dieser Szene im Flugzeug: sie spürt keine Angst. Sie erhebt sich, geht langsam nach vorn. Barsch fordern die Männer sie auf, sie solle sich wieder setzen. Doch sie redet einfach freundlich daher, sie habe nichts Aggressives vor: das aber könne sie nicht mitansehen, wenn zwei Menschen Todesangst leiden würden. Die Männer sollten doch lieber sie nehmen. Sie geht wieder einige Schritte auf die Männer zu, lächelt sogar. Wieder Befehle. Aber es stimmt, sie hat in diesem Moment keine Angst, fürchtet sich nicht vor Gewalt, irgendwie scheinen die Männer dies zu spüren. Wider Erwarten lassen sie die Geiseln frei und nehmen sie dafür ...

Vielleicht sind in Ihrem Leben andere Szenen wichtig, vielleicht haben Sie ein Lieblingsszenario. Mit Sicherheit steckt in solchen Träumen ein Teil von Ihnen, der zu ungewöhnlichen, mutigen Dingen fähig ist, zu Seiten, die Sie sonst nicht von sich zeigen. Vielleicht haben Sie das bis jetzt nicht von sich gewußt, so daß Sie diese Seite nicht entwickeln konnten?

Versuchen Sie zwei Wochen lang, sich eine solche Szene auszumalen: je mehr Details Sie entdecken bzw. entwickeln, desto lebendiger wird Ihr eigenes Bild. Es kann schließlich auch in Ihrem realen Leben Platz finden.

Wenn Ihnen trotz mehrmaliger Versuche überhaupt nichts einfallen will, so stellen Sie sich vor, Sie seien verstorben und hörten, wie der Pfarrer und einige Ihrer Freunde an Ihrem Grab letzte Worte sprechen. Denken Sie nicht, die Szene sei zu makaber: sie kann uns insofern helfen, als wir manchmal erst in einer solchen Situation für Wahrheiten offen sind, die wir sonst abwehren, zu wenig schätzen, denen wir in unserem Leben keinen Platz einräumen.

Die Entthronung zulassen

Vor Jahren las ich in einem psychologischen Ratgeberbuch ein Fallbeispiel. Eine Frau hatte die Angewohnheit, auch ohne vorherige Benachrichtigung Bekannte zu besuchen. Stellte sich dann heraus, daß derjenige, den sie aufsuchen wollte, tatsächlich nicht zu Hause war, so verfiel sie in tiefe Depression. Ich war damals überzeugt, daß ein solches „Spiel" doch recht selten vorkomme.

Inzwischen habe ich an mir und an anderen beobachtet, daß unser Wunsch, wichtig für andere Menschen zu sein, die Fäden in der Hand zu behalten, wie nah oder wie fern der andere kommen/bleiben soll, weit verbreitet ist, doch sich auf sehr viel verdecktere und subtilere Weise zeigen kann. Hierzu ein Beispiel von Herrn T., geschieden, dessen Tochter bei seiner früheren Frau lebt:

Am Freitag haben mich die Kollegen noch beneidet, denkt Herr T., der seine Tochter vom Flughafen abholt. Seitdem die Mutter des Mädchens in eine rund 1000 km entfernte Stadt verzogen ist, kommt es nicht mehr in Frage, das Kind mit dem Auto abzuholen. Allein mit dem Zug kann sie auch noch nicht reisen, für solch eine lange Fahrt ist die Achtjährige noch zu klein. Der Vater sieht das ein, doch nun schlägt sich jeder Besuch mit Extrakosten nieder. Teuer ist das ohnehin – der Vater erinnert sich an den letzten Besuch – das Kind wollte einfach alles haben: der Einkaufsbummel des letzten Besuchs hatte schließlich mit dem Kauf einer Reithose geendet, weil sie seit kurzem reitet, aber noch keine Reithose hat, mit dem Kauf einiger Spielpuppen aus dem „Krieg der Sterne". Einige Bücher und Schallplatten für die Bildung des Kindes – aus ihr soll doch etwas werden – waren noch hinzugekommen. Beim Essen hätte der Vater gern mehr ausgegeben, als immer nur von Hamburgern zu leben und in den entsprechenden Lokalen einzukehren. Doch der Tochter sollte es ja hier die wenigen Tage beim Vater gefallen. Schlimm genug, wenn die Mutter wohl etwas gegen die Besuche beim Vater zu haben scheint und ihr immer wieder etwas einfällt, warum es diesmal nicht geht oder warum das Kind nur drei Tage bleiben kann.

Sonntagabend bringt der Vater die Tochter wieder zum Flughafen. Sie ist bepackt mit den Geschenken, doch beim Anblick der Stewardess sagt sie nur noch ganz schnell Tschüss – und kein einziges Wort des Dankes für all die Sachen, für den Vater, der drei Tage lang seine eigenen Wünsche zurückgestellt hat. Wie sehr möchte man doch als Vater, daß eine harmonische Zeit des Zusammenseins entsteht, in der das Kind an den Lippen des Vaters hängt und der Vater ihm endlich all das sagen kann, was in den vielen Stunden zusammenkommt, in denen er an die Tochter denkt – oder er über das letzte Telefongespräch nachsinniert, das immer viel zu kurz ist, weil das Kind noch schnell seine Spielsachen zusammenräumen muß, einen Freund zu Besuch hat oder einfach nicht ansprechbar ist. Der Vater hat ein feines Gespür dafür, wenn das Kind nicht richtig zuhört. Warum sie wohl nicht zuhören kann? Warum der Vater die Zeit des Zusammenseins nicht unbeschwerter erleben kann?

Was geschieht eigentlich mit uns, wenn wir die Entthronung zulassen? Was befürchten wir? Was tut daran so weh? Sogar so weh, daß wir manchmal in Übervorsichtigkeit verfallen: ich darf jetzt niemanden anrufen, weil es mir gerade schlecht geht. Das kann ich niemandem zumuten. Können mich die anderen wirklich in solchen Momenten nicht ertragen? Kann ich denn andere ertragen, wenn es diesen gerade nicht gut geht? An der Antwort können wir ersehen, wie wir dazu neigen, andere zu bevormunden und nicht den anderen entscheiden lassen, ob er uns ertragen kann und will oder nicht. Schuldgefühle über unser Verhalten oder Taktiken, wie die beschriebenen, sind als Reaktion zwar verständlich, denn wir möchten ja viel lieber ein anderes Verhalten haben, verstellen uns aber häufig noch mehr den Weg zu einer Klärung. Schuldgefühle können auf der anderen Seite auch bedeuten, daß wir uns der Frage, was weh tut, nicht stellen und nicht zu stellen brauchen, weil uns unsere traurigen Gefühle bereits so stark beschäftigen. Dabei möchten wir innerlich ruhig sein und ohne Angst leben, ob wir viel oder wenig wert sind, ob wir hoch oder niedrig im Kurs stehen.

Wer oder was gibt mir schließlich einen Wert? Sind es die anderen, indem sie mich schätzen, bin ich es selbst? Was hilft mir, wenn ich mich nicht viel wert fühle? Das einzige, was helfen kann, ist: es anzuerkennen. Nicht davor wegzulaufen. Ja, es ist schon so, daß ich mich nicht gut fühle. Früher habe ich versucht, mich abzulenken und zu betäuben. Jetzt will ich versuchen, endlich auch einmal anzuerkennen, anzuschauen, was ich tue. Wenn ich versuche, die nächsten Tage so gut wie möglich in einer solchen Situation zu verbringen, dann ist dies etwas, auf das ich stolz sein kann. Ich versuche Dinge zu tun, die ich auch in einer solchen Situation noch einigermaßen bewältigen kann, und will endlich einmal damit aufhören, nur die angeblich „großen Dinge“ zu zählen. Wie sehen doch unsere Erwartungen aus: welche Position sollen wir eigentlich haben? Mit welchen Freunden müßten wir eigentlich – anstelle derer, die wir haben – „Umgang pflegen“? Wie mühelos müßten wir eigentlich mit Schwierigkeiten fertig werden?

Wenn wir die Entthronung zulassen, geschieht oft etwas, womit wir nicht gerechnet hätten: wir fühlen uns erleichtert, weil die ständigen Vorsorgemaßnahmen nicht mehr nötig sind. Wir haben ein anderes Verhältnis zu uns selbst und entdecken allmählich, daß wir eigentlich liebenswert sind, so wie wir sind.

Nachfolgende Übung soll diese Entdeckung erleichtern helfen.

Übung

Trösten anstatt trostlos zu sein

Es ist oft lehrreich und amüsant, wie unterschiedlich wir uns gegenüber äußeren und inneren Herausforderungen verhalten. Wenn wir in der äußeren Welt eine Gefahr erleben, dann fühlen wir uns zum Handeln herausgefordert. Wenn wir jedoch unsere innere Welt betrachten und einiges nicht so ist, wie wir es wünschen, oder uns einige Menschen nicht so schätzen, wie wir glauben, daß uns dies gut tun würde, dann werden wir oft passiv, fühlen uns unglücklich und warten darauf, daß irgendjemand kommt, der die Dinge wieder ändert. Je mehr wir darauf warten, daß von außen etwas geschieht, desto deprimierter werden wir.

Was ist also zu tun, wenn uns andere Menschen nicht so schätzen oder sich Dinge nicht so entwickeln, wie wir dies wünschen? Genau wie in der äußeren Welt müssen wir uns wieder mit dem Gedanken der Herausforderung vertraut machen: jetzt erfahre ich etwas Neues über mich, was mich weiterbringt, wenn ich mich der Herausforderung stelle. Eine der größten Herausforderungen ist es sicherlich, sich von anderen nicht genügend geschätzt zu fühlen und vielleicht sogar sich selbst nicht genügend achten und lieben zu können. Was ist in einem solchen Fall zu tun, wenn äußere Hilfe gerade sehr unwahrscheinlich ist und wenn wir für uns selbst in diesem Fall unmittelbar auch nicht viel tun können? Der erste Schritt ist: übernehmen Sie die Verantwortung für sich und diesen Zustand und beschuldigen Sie nicht andere Menschen, Umstände, daß diese Ihr Unglück verursacht hätten. Wenn Sie verantwortlich sind, können Sie etwas unternehmen. Da Ihnen im Moment tatsächlich vielleicht nicht viel Handlungsspielraum bleibt, so tun Sie für andere das, woran es Ihnen gerade am meisten mangelt. Wenn Sie sich einsam fühlen, so schreiben Sie Briefe oder besuchen Sie jemanden, evtl. Fremde, von deren Einsamkeit Sie gehört haben (in Heimen, alte Menschen usw.). Über dieser Aktivität vergessen Sie, was Sie bedrückte. Was Sie anderen geben, kommt mit Sicherheit später zu Ihnen zurück.

Mein Bild von mir klären

Was bedeutet das eigentlich: mein Bild von mir klären? Wie sehe ich mich jetzt? Wie möchte ich eigentlich sein? Bin ich vielleicht manchmal schon so, wie ich sein möchte – oder ist in mir noch sehr viel Verworrenheit, Hin-und-Her-Schwanken; heute möchte ich mich so entscheiden und morgen wieder anders? Wie soll mein Leben in Zukunft aussehen? Ist mir klar, was mich eigentlich daran hindert, so zu sein, wie ich sein möchte?

Vielleicht denken Sie jetzt: wenn es doch so einfach wäre! Wie oft habe ich es schon versucht, mit mir klarzukommen. Vielleicht muß ich doch irgendwann noch eine Analyse, eine Therapie machen, um mir mehr Klarheit zu verschaffen.

Zumindest steht fest: einiges soll sich in unserem Leben ändern. Manchmal tauchen dazu Ahnungen in uns auf: z.B. wenn wir in der Natur einen sehr schönen Tag erlebten, wenn wir uns mit einem anderen Menschen sehr gut verstanden haben usw., dann wissen wir: so sollte es öfters sein. Solch einen Einklang erleben, innerlich zufrieden sein, froh und dankbar dafür sein können, daß wir leben.

Doch was hält uns davon ab, daß wir zunehmend mehr so empfinden können? Vielleicht wollen wir zu verschiedene Dinge auf einmal. Wir denken vielleicht, erst muß die Vergangenheit und die Zukunft in uns klar sein, dann finden wir unseren Weg. Vielleicht wäre ein solcher Idealfall wünschenswert, vielleicht gibt es auch andere Wege.

Wie ist es also, wenn es uns jetzt einfach nicht gelingen will, das eine oder andere in uns zu klären? Sollen wir dann hier auf dieser Stelle stehen bleiben, abwarten, verharren und täglich die Unklarheit spüren?

Warum gehen wir nicht bereits ein Stückweit dahin, wo wir dieses seltene Gefühl: ja, so wäre es richtig für mich – wieder spüren? Warum arbeiten wir nicht an diesem Bild, da doch jede Veränderung dort beginnt, wo wir uns in unserer Vorstellung als ein anderer Mensch sehen können? Je mehr wir diese Vorstellung in uns wachsen lassen, desto mehr Raum schaffen wir für innere Klarheit. Wir können jetzt vielleicht wirklich noch nicht mit Klarheit entscheiden, wohin unser Weg einmal gehen soll, weil wir innerlich zu viele Bedingungen stellen. Wir denken vielleicht in Wenn-Dann-Beziehungen: wenn ich das und das habe, dann geht es mir gut. Vielleicht ist unser Weg aber so, daß wir diese Bedingung gar nicht brauchen, daß sie sogar unnützer Ballast wäre.

Wir meinen oft, die Handhabung der kleinen Dinge unseres Alltags sei bedeutungslos für unser künftiges anderes Leben. Die Klarheit, die wir jetzt auf unseren Alltag verwenden, darauf, wie wir heute unser Leben gestalten, kommt uns als künftige Klarheit zurück. Versuchen Sie also, sich bewußt zu werden, daß Sie viele der jetzigen Lebensbedingungen und Sicherheiten vielleicht gar nicht brauchen können, und arbeiten Sie an Ihrem künftigen Bild. Hierzu zwei Beispiele:

Frau B. lebt seit Jahren getrennt von ihrem Ehemann. Innerlich sagt sie mit voller Überzeugung: das ist keine Ehe mehr, ich bin frei und kann mich einem anderen Partner zuwenden. Die Aufrechterhaltung der Ehe wird von meinem Mann sowieso nur aus finanziellen Gründen gewünscht. Beide haben wir daraus Vorteile. Beide sind wir jederzeit bereit, uns scheiden zu lassen, sobald einer von uns einen anderen Partner heiraten will. In der Firma, in der Frau B. arbeitet, gilt sie daher nach wie vor als verheiratete Frau und empfindet es als sehr angenehm, daß man sich über sie nicht solche Gedanken wie über das Privatleben anderer alleinstehender Frauen macht, worüber in der Firma gern geklatscht wird. Im Grunde genommen wissen nur die engsten Freunde Bescheid, da es auch im gesellschaftlichen Leben angenehmer ist, als verheiratete Frau zu gelten und eingeladen zu werden. Wenn sie einen Mann kennenlernt, der sie interessiert, so erklärt sie mittlerweile, sie sei geschieden, um kleinlichen Vorhaltungen von Männern, sie würde sich wohl noch Türchen offenhalten, aus dem Wege zu gehen. Kürzlich reichte Herr B. die Scheidung ein: Frau B. war sehr betroffen. Es stand keine neue Frau dahinter, Herr B. möchte nur einfach wieder in klaren Verhältnissen leben.

Zweites Beispiel: Frau M. litt seit Jahren darunter, auf die Straße zu gehen, weil sie Angst hatte, ihr könnte etwas zustoßen. Mit der Zeit hatten sich diese Ängste so verschlimmert, daß sie nicht mehr allein ausgehen konnte. Selbst in ihren Träumen sah sie sich als jemand, der unfähig war, irgendwohin zu gehen. Eines Nachts träumte sie jedoch, durch die Straßen zu fliegen, sie genoß es, so frei wie ein Vogel zu sein, und spürte keinerlei Angst. Von da an stellte sie sich täglich diesen „Traum“ vor. Wenn wir unsere Vorstellungen davon ändern, was wir können und nicht können, dann folgt irgendwann im realen Leben die Veränderung nach.

Übung

In einen Spiegel sehen

Nachfolgend schlagen wir Ihnen eine Vorstellungsübung vor. Sie befaßt sich mit dem Gesicht als dem Spiegel unserer Seele.

Unser Gesicht

Schließen Sie die Augen und versuchen Sie sich Ihr Gesicht vorzustellen. Am besten stellen Sie sich innerlich darauf ein, daß Sie jetzt auf Ihr Gesicht schauen wie auf eine Opernbühne; Sie können Ihr Gesicht also ganz groß wie bei einer überlebensgroßen Statue, einer Büste sehen, so daß Sie sich in einer ganz anderen Weise mit den Linien und Flächen in Ihrem Gesicht befassen. Es gibt auf dieser Bühne verschiedene Requisiten, Beleuchtungen, so daß Sie bald die eine, bald die andere Seite Ihres Gesichts direkter oder auch verborgener betrachten werden, und es gibt verschiedene, teils durchsichtige Vorhänge, so daß der Blick auf Ihr Gesicht wie in mehreren Schichten oder auch gebrochen erscheinen mag. Sie sitzen weit weg und sehr bequem in Ihrem Sessel, während Sie auf die Bühne blicken.

Schauen Sie jetzt einmal, wie groß Ihr Gesicht ist. Das Zusammenspiel von Quer- und Längslinien, von tiefsitzenden und erhobenen Partien, das Sie bisher vielleicht nur mit Unzufriedenheit sehen konnten – wenn ich doch nur nicht so tiefsitzende Mundwinkel hätte usw. – zeigt sich Ihnen in einem völlig anderen Blickwinkel. Es dauert unendlich lange, bis Ihr Blick vom Kinn nach oben zur Stirn gelangt, dazwischen sind so große, ruhige Flächen, daß Sie an flache, weitläufige Sanddünen denken müssen. Seltsam, warum habe ich das früher nicht gesehen, diese Landschaften, wo alles sehr viel Ruhe und Platz hat, nichts sich gegenseitig stört, eng, klein und häßlich macht.

Sie haben immer noch sehr viel Distanz, und dadurch, daß jetzt ein durchsichtiger Vorhang herabgelassen wird, rückt Ihr Gesicht sogar noch weiter in die Ferne. Sie können alle Gesichtszüge jedoch immer noch sehr gut erkennen. Ihr Blick bleibt nun an der Stirn hängen, und da nun auf der linken Seite einige gold-grüne Scheinwerfer eingeschaltet wurden, betrachten Sie nun jede Hälfte Ihres Gesichtes für sich getrennt. Ja, es stimmt wirklich, jetzt in dieser Vergrößerung sehen Sie es noch deutlicher: es ist die linke Seite, die Sie an sich viel lieber mögen. Sie zeigt das Zarte, Sanfte, Schwermütige in Ihnen. Was Sie wohl für ein Mensch wären, wenn Sie nur dieses eine Gesicht hätten?

Jetzt wird von oben von der Bühnendecke an Stricken ein Steg heruntergelassen, die Beleuchtung ist nun blau-rot. Seltsam, der Steg schlingert hin und her, wie vom Wind angetrieben, und verdeckt einmal das eine, dann das andere Auge. Sie sind jetzt doch langsam fasziniert, wenn Sie den Blick nun nur noch auf einen kleinen Ausschnitt Ihres Gesichts werfen können, weil der Steg alles andere verdeckt. Ist es nicht so, als könnten Sie in diesem Moment in die Tiefe schauen? Sie schauen durch diesen Teil Ihres Gesichts hindurch: dahinter ist noch etwas. Sie haben Mühe, es zu sehen, es ist nicht so deutlich. Es sind nochmals Linien, Gesichtszüge, die Sie anrühren. Dieser ferne Mensch dahinter erscheint Ihnen unendlich sympathisch.

Endlich bleibt der Steg ruhig hängen, doch er hängt schräg, so als ob von der Stirnseite zur linken unteren Kinnhälfte eine Querlinie gezogen wäre. Sie sind erstaunt, wenn Sie Ihr Gesicht so betrachten. Fast wirkt der Steg unter der neuen dunkelvioletten Beleuchtung wie ein Wulst. Wie schrecklich, diesen Wulst haben Sie ja bisher noch nie bemerkt. Jetzt schwenkt die Beleuchtung, und aus dem Schatten wird ein zweiter großer Wulst. Sie können es nicht fassen, aber was Sie jetzt erkennen, ist fast wie ein großer Mund, quer in Ihrem Gesicht, der ganz unbändig lacht. Sie sind berührt: dieser Mund, dieser Mensch dort ist voll und ganz fröhlich, ja eigentlich glücklich. Sie wundern sich zwar immer noch über dieses seltsame Bild, das nicht einmal besonders schön ist, vielleicht ist es sogar häßlich, häßlich wie die Nacht, aber was macht das schon, wenn man so froh ist, wie Sie es jetzt gerade sind? Sie freuen sich, merken nicht einmal, daß die Beleuchtung dunkler wird, Sie sehen jetzt nichts mehr – und öffnen Ihre Augen.

Brechungen lieben lernen

Frühling, Sommer, Herbst. Eine neue Jahreszeit beginnt. Eigentlich dachten Sie, das hat für mich längst keine Bedeutung mehr. Ich weiß doch, wie das ist. Es ist sogar sehr schön, daß sich die Natur in unseren Breitengraden so ändert. Ich kann mich daran freuen, ich habe sogar lange darauf gewartet. Nun ist es soweit, und Sie fühlen immer noch diese innere Gleichförmigkeit: was kommen muß, kommt doch endlich, und Sie haben es schon so viele Male erlebt. Doch plötzlich Anrufe, jemand, den Sie seit Jahren nicht gesehen haben, erinnert sich an Sie. Sie erfahren im Nachhinein, daß er in der vergangenen Zeit oft an Sie denken mußte. Sie können es fast nicht glauben und verabreden sich mehr aus Neugier und Spaß an der Situation, sogar ein wenig in skeptischer Erwartung: dann muß sich dieser seltsame Spuk ja endgültig auflösen! Wer weiß, wie sehr er sich/ich mich in diesen Jahren doch verändert haben mag!

Und dann sitzen Sie beide sich gegenüber: mit Ihrem kritischen Blick stellen Sie fest, es stimmt ja immer noch, er macht sich nun einmal nicht viel aus der Natur, aus langen Spaziergängen. Sie jedoch sind ins Schwärmen gekommen. Es ist solch ein schöner Sonnentag, daß er entweder nie enden sollte – oder Sie könnten – mit ehrlicher Überzeugung – von dieser Welt Abschied nehmen: es ist fast zuviel tiefblauer Himmel, Blick ins Tal, beginnende abendliche Dämmerung und Abendröte breiten einen Schleier aus.

Sie schauen Ihr Gegenüber an: und plötzlich ist es Ihnen ganz klar geworden. Er hat sich kaum verändert, es darf fast nicht wahr sein. Wie ist das nur möglich? Können wir genau dort anfangen, wo es vor Jahren aufhörte? Die Verlockung erscheint unendlich. Ist das Leben doch so greifbar, so buchstäblich? Sie erinnern sich daran, daß nichts je verloren gehen soll. Wie tröstlich – wie hinwegführend – doch wohinführend? Alles erscheint fast als zuviel: wie viele Leben lebe ich denn gleichzeitig? Durch wieviel muß ein inzelner Mensch denn hindurchgehen? Wo finde ich jetzt Halt?

Übung

Ja sagen können

Manchmal helfen wir uns über Lebensschwierigkeiten hinweg, indem wir selbst Brechungen herbeiführen. Vielleicht brechen wir dann, um nicht zu zerbrechen, und sind doch in vielen Lebensäußerungen gebrochen, möchten vielleicht sogar erbrechen, das Schwere in uns loswerden und sehnen uns nach dem Durchbruch, dem ganz anderen.

Beispiele für solche Brechungen sind: wir hören in den Nachrichten von einer Katastrophe, wir beobachten ein Unfallgeschehen, wir erfahren von einem Freund, daß er eine lebensgefährliche Operation durchmachen muß usw. Wir spüren dann manchmal einen Ruck in uns, plötzlich sind unsere Probleme ganz weit weg, unendlich klein. Wir fühlen vielleicht sogar Dankbarkeit: Gott sei dank ist das mir nicht passiert, wieviel Gutes es doch in meinem Leben gibt!

Dankbarkeit, eine Bilanz ziehen, wieviel in unserem Leben positiv ist, kann eine der besten Übungen sein, um das uns so selbstverständlich erscheinende nicht als selbstverständlich zu betrachten. Halten Sie daher beim Lesen einmal inne und denken Sie an 10 Dinge: was ist alles gut in meinem Leben?

Sicherlich führt eine solche Bilanz zu mehr Dankbarkeit und Anerkennung der Tatsache, daß das Gute in unserem Leben meist das Negative überwiegt und dennoch – selbst wenn wir eine solche Übung gewissenhaft täglich durchführen – erfahren wir manchmal, daß sie anscheinend nicht richtig wirkt, nicht lange vorhält. Recht schnell sind wir wieder im alten Trott und unserer abwertenden Stimmung: wozu soll mir das nützen? Es interessiert mich nicht, daß vieles gut ist. Sind wir zu oberflächlich – oder liegt dies an der Übung, wenn sie nicht recht hilft?

Ein Jahr lang wohnte ich in der Nähe eines Behindertenwohnheims und sah täglich viele schwerstbehinderte Menschen. Ich empfand täglich eine tiefe Dankbarkeit, daß mir ein solches Schicksal erspart geblieben war. Und doch: sobald ich die Wohnungstür hinter mir geschlossen hatte, waren diese Eindrücke und Gefühle meist sehr schnell verschwunden. Vielleicht spielen wir ein wenig mit dem Gedanken: es könnte viel schlimmer sein. Vielleicht haben wir damit auch zu wenig von der Realität erfaßt. Manche Ratgeberbücher empfehlen: erwarten Sie gar nichts von anderen – Sie werden mit Staunen feststellen, was doch alles an guten Dingen auf Sie zukommt, und Sie können sich dann daran freuen. Wenn wir so denken, denken wir zu gering und geben von uns zu wenig und empfangen im Grunde genommen zu wenig.

Es ist dann wohl so wie mit Gebeten, wenn wir nur die Worte hersagen, aber nicht mit dem Herzen beten. Wenn wir auf die zuvor beschriebene Weise dankbar sind, dann ist dieses Gefühl zwar da, aber es sinkt nicht in uns ein. Es ist so, wie wir manchmal auch sagen: Gott sei dank, daß ich kein Mann bin, weil wir ja wissen, nach menschlichem Ermessen werden wir davon nie betroffen werden. Wenn uns das Schicksal anderer Menschen manchmal Bewunderung und Achtung abnötigt – manchmal sagen wir geradezu: der wirkte auf mich wie ein König – dann empfinden wir vielleicht auf einer ähnlichen Ebene. Wir spielen eher mit dem Gedanken, es könnte viel schlimmer sein, als daß wir diesen Gedanken wirklich annehmen. Denn wir nehmen meist auch nicht an, was jetzt in unserem Leben ist, sondern wehren uns dagegen.

Vielleicht sind wir sogar deprimiert, weil wir unsere Energie in diese Abwehr stecken und eine innere Mahnung spüren: wir sollten sorgfältiger mit unserer Energie umgehen. Damit nicht der Sinn unseres Lebens darin besteht, am Leben zu leiden, sondern darin, das anzunehmen, was anscheinend im Moment unser Schicksal ist. Wie wir damit umgehen, was jetzt in unserem Leben ist, gibt unserem Leben einen Sinn, auch wenn wir nicht gläubig sind.

Es ist ein Axiom, nicht weiter rückführbar und braucht vielleicht dem Verstand auch gar nicht zugänglich sein, daß wir Kraft, Lebensmut von anderen Menschen beziehen, die uns wie ein Vorbild erscheinen oder die uns lieben, ohne daß wir uns diese Liebe erst verdienen müßten. Wir sind jedoch eingebettet in eine solche Art von Gemeinschaft und geben dann auch anderen durch unser Leben einen Sinn, wenn wir es annehmen.

Versuchen Sie dieses Annehmen in Ihren eigenen Worten zu sagen. Die nachfolgenden Sätze können nur ein Ausdruck und Beispiel sein, wie Sie sprechen könnten:

Ja, ich nehme es an, was heute in meinem Leben geschieht, es hat einen Sinn, auch wenn ich es jetzt nicht verstehen kann. Wenn ich mich heute unfähig fühle, etwas zu tun, wenn ich glaube, ich halte das jetzt nicht mehr aus, dann will ich daran denken, daß ich eine Kraft habe, den Schmerz zu empfinden. Die gleiche Kraft in mir kann diesem Schmerz einen Sinn geben. Wenn ich Schmerz empfinde und heute alles so gut erledige, wie ich es eben kann, dann wandelt sich ein Teil des Schmerzes in eine Kraft, die mich verändert und die auch anderen Kraft geben wird. Ich bin in der Gemeinschaft mit allen Menschen, die ihren Schmerz in Kraft wandeln, weil sie ja sagen: ich nehme dieses Schicksal an und verändere es.

Wenn wir die Brechungen in unserem Leben annehmen lernen, dann müssen wir dafür sorgen, daß wir in Zeiten, die leer und ängstigend vor uns liegen, aktiv werden und Brechungen und Gliederungen einfügen. Denken Sie darüber nach: welchen Sinn könnte diese Zeit für mich haben? Was soll ich daraus lernen? Habe ich bereits genügend Geduld oder sonstige Fähigkeiten entwickelt, die ich für mein inneres Weiterkommen brauche? Welche Übungen könnten mir noch helfen, an meinem Zustand nach und nach etwas zu verändern?

ABC
des Lebensglücks

Herausgegeben von Peter Raab

Band 1170, ca. 192 Seiten (erscheint im Januar 1985)

Lebensglück kann weder verordnet noch zugeteilt werden. „Jeder ist seines Glückes Schmied“ – das alte Sprichwort gilt auch heute noch, nur daß in unserer Zeit weithin das Wissen abhanden gekommen ist, wie man das Leben gestalten muß, damit man aus Angst und Streß, Einsamkeit und Sinnleere harausfindet. Es kommt darauf an, eine neue Einstellung zum Leben zu gewinnen und auf die Kräfte wie Humor und Muse, Zärtlichkeit und Freundschaft zu vertrauen. Die entscheidenden Verhaltensweisen werden hier von A–Z dargestellt von Seelenhelfern und Schriftstellern, die sich schon lange mit den Möglichkeiten einer positiven Lebensgestaltung auseinandersetzen. Viele Beispiele aus der Praxis erleichtern es dem Leser, diese Erfahrungen in seinen eigenen Alltag zu übertragen. Die Herderbücherei ist nicht zuletzt durch ihre lebenskundlichen Taschenbücher bekannt geworden. Dieses ABC ist eine Quintessenz dieser Arbeiten.

in der Herderbücherei

„Wegzeichen"

Knud Eike Buchmann
Nimm Dein Schicksal in die Hand
Seelische Gesundheit durch Selbstverantwortung
Band 948, 144 Seiten

Hildegund Fischle-Carl
Vom Glück der Zärtlichkeit
Alle Liebe sucht Nähe
Band 1115, 144 Seiten

Oskar Lockowandt
Mach ein Fest aus deinem Leben
Wie man vom Glück beschenkt wird
Band 1140, 144 Seiten

Elisabeth Lukas
Auch dein Leben hat Sinn
Logotherapeutische Wege zur Gesundung
Mit einem Vorwort von Viktor E. Frankl
Band 825, 256 Seiten, 2. Aufl.

Gerd Schimansky
Mut zum Weitermachen
Wie man Lebenskrisen in Lebenschancen verwandelt
Band 1075, 128 Seiten

in der Herderbücherei